Volker Hermsdorf **Kuba – Aufbruch oder Abbruch?**

Volker Hermsdorf

Kuba –
Aufbruch oder Abbruch?

Gespräche über Kuba mit
Hans Modrow
Fritz Streletz
Klaus Eichner

2016 • Verlag Wiljo Heinen, Berlin und Böklund

Inhalt

Vorwort

Vom Beginn des ersten imperialistischen Krieges um die Neuaufteilung der Welt, dem Krieg von 1898 zwischen den USA und Spanien um Kuba, die Philippinen und andere Kolonien, wird eine Anekdote überliefert, die aktueller kaum sein könnte. Sie ist Kuba-Freunden und Feinden der Revolution auf der Karibik-Insel zumeist bekannt, dennoch sei sie hier wiederholt. Denn wer in diesem Buch liest, was Volker Hermsdorf und Klaus Eichner über die Vorhaben der US-Organisation National Endowment for Democracy (NED) und großer Medienkonzerne für Kuba sagen, wird sich unwillkürlich an sie erinnern.

Das Geschehen war exemplarisch: 1897 entsandte der US-Zeitungsbaron William Randolph Hearst (1863–1951), der durch Sensationsberichterstattung gigantische Auflagenzahlen seiner Blätter erreicht hatte und einer der reichsten Männer der Welt war, einen Korrespondenten und bekannten Illustrator namens Frederic Remington (1861–1909) nach Kuba mit dem Auftrag, über den bevorstehenden Krieg mit Spanien zu berichten. Der Reporter langweilte sich und kabelte: »There is no trouble here, there will be no war. – Hier gibt's keinen Ärger, es wird keinen Krieg geben« Hearst antwortete: »You furnish the pictures, I'll furnish the war. – Sie liefern die Bilder, ich werde den Krieg liefern«.

Nicht auf Ereignisse warten, die ganze Staaten zerstören, sondern Kriegsanlässe selbst herbeiführen und die Schuld mit großem medialen Getöse anderen zuweisen – an der Machart imperialistischer Politik, insbesondere Kriegs- und Medienpolitik, hat sich wenig geändert.

Damals klappte alles wie von Hearst bestellt – mit Folgen bis zur Gegenwart. Am 15. Februar 1898 explodierte im Hafen von Havanna das mit Munition voll gestopfte Schlachtschiff Maine, das seit 1897 in den Gewässern vor Kuba den Schutz von US-Bürgern übernehmen sollte, wie die Formel hieß und heute manchmal noch heißt. 266 Mann der Besatzung kamen um. Die Ergebnisse einer Untersuchung blieben geheim, Washington behauptete, ein spanischer Torpedo habe das Schiff getroffen, die Rede war von »Terror«, der Anlass für den Krieg war gefunden. Die Hearst-Presse machte den Schlachtruf »Remember the Maine, to hell with Spain! – Denkt an die Maine, zur Hölle mit Spanien« in den USA so populär, dass der damalige US-Präsident Ronald Reagan (1911–2004) noch 1987 den ersten Teil des Satzes in einer Ansprache zur moralischen Aufrüstung vor Kadetten zitierte. Der Krieg gegen Spanien konnte jedenfalls beginnen, Kuba wurde »befreit«, also von US-Truppen besetzt. Das nach Senator Orville H. Platt aus Connecticut benannte Platt-Amendment, eine »Ergänzung« zum US-Rüstungsetat von 1901 über die Bedingungen des Rückzugs der US-Truppen, legte in Artikel VII u.a. fest, dass die USA jederzeit in Kuba militärisch intervenieren durften und das Recht hatten, Landstriche »zu kaufen oder zu pachten« und für Marinebasen zu nutzen. Zweimal wurde diese Befreiungsurkunde von der konstituierenden Versammlung in Havanna abgelehnt, bis es bei der dritten Abstimmung klappte. Die USA hatten gedroht, Kuba solange besetzt zu halten, bis eine Regierung das Platt-Amendment akzeptieren würde. Regiert wurde Kuba in den folgenden Jahren von der US-Botschaft aus, die USA intervenierten regelmäßig zunächst fast in Jahresabstand. 1934 wurde das Platt-Amendment unter Präsident Franklin D. Roosevelt (1882–1945) aufgehoben – bis auf den Artikel VII. Seine Annullierung hätte die noch heute existierende US-Basis Guantanamo Bay gefährdet.

Hearst konkurrierte im übrigen bei seiner antispanischen Kriegshetze mit einem anderen US-Medienmagnaten, mit Joseph Pulitzer (1847–1911). Die Zeitungen der beiden überboten sich in der Schilderung angeblicher und tatsächlicher Kriegsgräuel spanischer Kolonialtruppen. Sie prangerten deren Konzentrationslager auf der Insel an und vor allem Hearst veröffentlichte Bilder von Misshandlungen der kubanischen Bevölkerung durch spanische Soldateska, wie sie bis dahin in der Presse nicht zu sehen gewesen waren. Beide konnten sich mit Recht Freunde Kubas nennen, die gegen spanische »Schlächter« mutig eintraten. Das größte Kriegshindernis, der Unwille der US-Bürger zum Feldzug, hatte spätestens nach der Maine-Explosion einer chauvinistischen Welle Platz gemacht, in diesem Sinn war es wahr: Die Medien lieferten den Krieg, über den sie dann berichteten.

Ein US-Held des Krieges hieß Theodore Roosevelt (1858–1919), als stellvertretender Marineminister einer der eifrigsten Befürworter und Planer des Krieges war, für den er sich von seinem Posten entbinden ließ und als Freiwilliger meldete. Der dabei erworbene mediale Ruhm machte ihn 1900 zum Vizepräsidenten und nach dem gewaltsamen Tod seines Vorgängers 1901 zum US-Präsidenten. Er prägte im selben Jahr die Maxime »Sprich sanft und trage einen großen Knüppel, dann wirst Du weit kommen«. 1906 erhielt er den Friedensnobelpreis. Er sorgte für das Abwürgen der kubanischen Befreiungsbewegung und für eine Verfassung, die »Neger und Frauen« nicht zur Wahl zuließ, selbstverständlich im Namen der Zivilisation, wie damals die Formel für Rassismus, der nicht so heißen sollte, lautete.

Parallelen zur Gegenwart sind nicht zufällig. Geographie und imperialistische Verfasstheit der USA sind geblieben, einen Friedensnobelpreis an einen kriegführenden US-Präsidenten hat es auch wieder gegeben. Eines hat sich aber verändert. 1959, mehr als 60 Jahre nach der US-Invasion von 1898, hat auf Kuba eine Revolution stattgefunden, die sich seither des vor allem mit staatsterroristischen Mitteln vorgetragenen permanenten Angriffs der USA erwehren musste. Bis Anfang 2014 zählte die kubanische Regierung über 700 Anschläge auf Leben und Gesundheit sowie auf das Vermögen ihrer Bürger. Mehr als 3.500 von ihnen verloren dabei ihr Leben.

Dieser Krieg, der den Kalten Krieg zwischen USA und Sowjetunion um fast 25 Jahre überdauerte, ist nicht beendet, aber Kuba hat entscheidende Schlachten gewonnen. Das Ziel Washingtons, diesen Krieg zu gewinnen, bleibt unverändert. Es gibt allerdings einige Probleme. Die kubanische Revolution hat internationale politische Bedeutung. Kuba war und ist ein Schlüssel zu Lateinamerika und ist dies als sozialistischer Staat, und wahrscheinlich nur als sozialistischer, mehr denn je. In diesem Buch ist davon die Rede, dass auch die ökonomische und strategische Bedeutung des Landes zu wachsen scheint – Stichwort Tiefseehafen Mariel, in dessen Bau und Betrieb drei BRICS-Staaten involviert sind.

Auch wenn die reaktionären Medienkonzerne Nordamerikas und der spanischsprachigen Welt nach der Neugestaltung der Beziehungen zwischen Kuba und den USA Morgenluft wittern, auch wenn die regierungsfinanzierten sogenannten Nichtregierungsorganisationen nun weniger auf sogenannte Dissidenten, dafür mehr auf Förderung »zivilgesellschaftlicher« Initiativen setzen, entscheidend wird sein, ob sie die Erinnerung an die Geschichte Kubas, an die Geschichte seines Befreiungskampfes gegen die USA, in dessen Bevölkerung auslöschen können. Der Kampf der Ideen, wie es die kubanische Revolutionsführung einmal genannt hat, geht in eine neue Etappe, er bekommt einen größeren Stellenwert als je zuvor. Das besagen die westlichen Pläne zur Subversion und zur medialen Beeinflussung, über die in diesem Band gesprochen wird, das formuliert aber auch die KP Kubas.

In einem Grußwort von deren Zentralkomitee an den 21. Parteitag der Deutschen Kommunistischen Partei am 14./15. November 2015 in Frankfurt am Main heißt es, die Wiederherstellung der diplomatischen Beziehungen mit den Vereinigten Staaten sei eine »wichtige Veränderung«. Und weiter: »Wir wissen, dass dieser Fakt für sich nicht das Ende der

Auseinandersetzung zwischen Kuba und dieser imperialistischen Macht bedeutet, obwohl er einen positiven Schritt darstellt, der die bilateralen Spannungen mildert. Solange die verbrecherische nordamerikanische Blockade gegen Kuba existiert, solange das illegal besetzte Territorium der Marinebasis Guantánamo nicht zurückgegeben wird, solange die von der nordamerikanischen Regierung finanzierten und gelenkten subversiven Programme gegen unser Volk nicht beendet werden und solange unser Volk nicht für die riesigen Schäden entschädigt wird, die 50 Jahre aggressive Politik angerichtet haben, können wir nicht von einer Normalisierung der Beziehungen zwischen Kuba und den Vereinigten Staaten sprechen.«

Dieser Band von Volker Hermsdorf steht für sich, ist aber zugleich eine Fortsetzung seines Buches mit Hans Modrow »Amboss oder Hammer«. Das wurde kurz vor den historischen Ansprachen von Kubas Präsident Raúl Castro und von US-Präsident Barack Obama am 17. Dezember 2014 zum Druck gegeben. Die Gespräche dieses nun vorliegenden Bandes stehen unter dem Eindruck der Geschehnisse des seither vergangenen Jahres. Sie bieten Analysen von Experten auf politischem, militärischem und geheimdienstlichem Gebiet, enthalten sich aber jeder auch noch so gut gemeinter Ratschläge.

Die hat Kuba nicht nötig. Niemand auf der Welt ist näher am Zentrum des Imperialismus, niemand kennt die Gefahren für fortschrittliche Politik, die von dort ausgehen, genauer.

Die Hearst unserer Tage sind selbstverständlich aktiv. Der US-Spekulant und Milliardär George Soros,

Autor Volker Hermsdorf im Gespräch mit Hans Modrow (m.)
und Fritz Streletz (li.) auf der »Fiesta de Solidaridad«
am 25. Juli 2015 in Berlin-Lichtenberg.

der sich selbst am Sturz des Sozialismus in Europa einen großen Anteil zuweist, finanziert seit 1990 unter dem Stichwort »Offene Gesellschaft« so genannte bunte Revolutionen in verschiedenen Teilen der Welt. Die von ihm bezahlte serbische Bewegung »Otpor« machte den Export ihres Know-hows beim Regime Change in Belgrad im Jahr 2000 mit Hilfe von »Volkszorn« und Demonstrationen, die von westlichen Leitmedien als sensationell verkauft wurden, zu einem Angebot für bewusste oder unbewusste Milliardärsanhänger überall auf dem Globus. Ende 2014 wurde bekannt, dass »Otpor« es so wie in Tbilissi, in Kiew, in Minsk und anderswo auch in Havanna versucht hatte, genauer in dessen Musikszene – mit Unterstützung der US-Entwicklungsbehörde USAID von 2009 bis 2012. Dann wurde das Treiben von Kubas Regierung unterbunden.

Das war ein Versuch von vielen. Aber Soros hat sein Credo gesellschaftlicher Entwicklung in einem Spiegel-Interview 2011 einmal fast so formuliert wie seinerzeit Mr. Hearst: »Die Finanzmärkte haben einen sehr sicheren Weg, die Zukunft vorherzusagen: Sie schaffen sie selbst.« Seine »revolutionären« Aktivitäten im internationalen Klassenkrieg von oben besagen, dass er Vorhersagen und deren Verwirklichung durch Geld und Organisation nicht nur in der Finanzbranche für ein unschlagbares Modell hält. In Kuba gelingt das ihm und seinesgleichen seit 1959 nicht mehr. Dieses Buch hilft zu verstehen, warum das so war und ist. Es vermittelt die Zuversicht, dass es so bleibt.

Arnold Schölzel
Berlin, Dezember 2015

Jeder Blick auf Kuba erfordert die
Beachtung globaler Entwicklungen

Herr Modrow, als wir im Jahr 2014 über Monate unsere Erfahrungen in und Sichtweisen über Kuba austauschten, haben Sie sich für eine Normalisierung der Beziehungen zwischen den USA und der Europäischen Union zu der sozialistischen Karibikinsel ausgesprochen. Kurz nach Drucklegung des Buches »Amboss oder Hammer« erklärten der kubanische Präsident Raúl Castro und sein US-amerikanischer Amtskollege Barack Obama am 17. Dezember 2014 ihre Absicht, die am 3. Januar 1961 einseitig von den USA abgebrochenen diplomatischen Beziehungen wieder aufzunehmen. Hatten Sie diesen Schritt erwartet?

Vielleicht ist hier eine kurze selbstkritische Betrachtung zu unseren bis zu diesem Zeitpunkt geführten Gesprächen angebracht. Die Dynamik nicht genügend im Kalkül zu haben, ist eine Schwäche, der man sich immer bewusst sein sollte. Vielleicht haben die eigenen Niederlagen den größeren Wandel nicht erfasst. Das ist kein Vorwurf gegen andere. Aber es ist ein großer Unterschied, Prozesse des eigenen politischen Mitwirkens zu betrachten oder sie vom Rand her zu sehen. Einige meinen vielleicht, die Nicht-Akteure könnten ruhiger zuschauen. Heute wissen wir, dass es eine sehr wichtige

Vermittlerrolle des Papstes und der katholischen Kirche gab. Der Kreis um Obama war nicht groß und die eigenen Verbündeten wurden vorab weder informiert noch einbezogen, was auf kubanischer Seite wohl ähnlich war. Zeit, Raum und der Faktor der Überraschung gehören zur Politik. Daran hat man sich gehalten, und das, glaube ich, war auch sehr wirksam. Natürlich sind wir hinterher immer klüger, aber gerade auch dieser Faktor zeigt: Man kann den eigenen Fehlern und dem Ablauf der Geschichte nicht genügend Aufmerksamkeit widmen und sollte weniger davon ausgehen, im Voraus mehr gewusst zu haben, als die Ereignisse dann in ihrem Ablauf zeigen.

Gab es denn keine Hinweise auf mögliche Veränderungen in Obamas Kuba-Politik?

Es gab Ereignisse mit diplomatischer Höflichkeit, die wohl doch gezielter genutzt wurden, als es bei oberflächlicher Betrachtung zunächst erschien. Sicher war es so, dass Präsident Obama nicht nur erkannt hat, dass die USA sich mit ihrer bisherigen Kubapolitik in eine Sackgasse manövriert hatten und sich dadurch in Lateinamerika und der übrigen Welt immer weiter selbst isolierten. Außerdem gibt es natürlich auch Ereignisse, die sogar bei erfahrenen Politikern Gefühle auslösen, die sehr tief gehen. Das Schicksal und die historische Größe eines Nelson Mandela hat wohl beide, Raúl Castro wie auch Barack Obama, tief ergriffen. Ob nun gewollt oder nicht, das Zusammentreffen beider Präsidenten auf der Trauerfeier für diese große Persönlichkeit war politisch unausweichlich. Und die Menschlichkeit, die man in so einem Moment in sich selbst spürt, erleichtert dann ein Handeln, das Außenstehende nicht so wahrnehmen wie die beiden Akteure selbst.[1]

Danach gab es zunächst kleine Schritte, scheinbar unverfänglich. Interessierte Vertreter der US-Wirtschaft wollten wohl prüfen, wie Schönwetter auch auf den Märkten scheinen kann.

Hans Modrow, 1962
mit Walter Ulbricht

Kubas Presse wird in den USA ausschließlich als politisch gesteuert wahrgenommen. Aber auch in den USA dürfte das Wirken der Presse von der Politik nicht nur mit Interesse beobachtet, sondern auch für eigene Ziele beeinflusst werden. Ab Sommer 2014 zeigte eine Serie von Leitartikeln in den USA, wie die der einflussreichen New York Times – deren Herausgeber sehr massiv eine neue Kuba-Politik einforderten – ein Wechselspiel zwischen Forderungen, die Journalisten verbreiteten und neuen Freiräumen, die Obama wohl gezielt für eine schrittweise Veränderung seiner Politik im Verhältnis zu Kuba, entwickelte und nutzte.

Was waren Ihrer Meinung nach die Hauptgründe für Obamas Kurswechsel? Wollte der bis dahin eher erfolglose Präsident sich vor Ende seiner Amtszeit noch ein Denkmal setzen, das die Verleihung des Friedensnobelpreises nachträglich rechtfertigt?

Ob es wirklich zu einem Kurswechsel kommt, muss sich erst zeigen. Für die Innenpolitik in den USA gilt dies gewiss. Welche Taktik gegenüber Kuba zur Anwendung kommt, werden wir erst in den nächsten Jahren genauer erfahren. Die erste Phase des Normalisierungsprozesses zwischen beiden Ländern wurde mit den Ansprachen der beiden Präsidenten im Dezember 2014, also knapp zwei Jahre vor der Präsidentschaftswahl in den USA eingeleitet. Ab Januar 2017 haben wir dann – nach dieser Wahl – eine veränderte Situation. Natürlich möchte Obama seinen Platz in der Geschichte der Vereinigten Staaten finden. Dabei ist Kuba für ihn vermutlich nur eine Teilfrage.

Solange sich die beiden Supermächte USA und Sowjetunion und die beiden militärischen Blöcke NATO und Warschauer Vertrag bis an den Rand eines heißen Krieg gegenüber standen, war Kuba eine Art Vorposten der sozialistischen Welt in der westlichen Hemisphäre und wir nannten es auch so. Heute geht es um andere Interessen. Während der Zeit der Blöcke war Washingtons Blockade gegen den sozialistischen Vorposten vor der eigenen Haustür Teil der Konflikte im Kalten Krieg. Seit 1990 steht Kuba zwar ungeschützt da, ist aber durch den Wandel in Latein-

amerika in neue Bündnisse integriert. Es wirkt darüber hinaus sogar, wie die Verhandlungen der Regierung
Kolumbiens mit den FARC-Guerilleros in Havanna
zeigen, friedensstiftend in der Region.

In den USA gibt es einen allgemeinen Stimmungs-
wechsel Kuba betreffend. Und bei vielen US-Bürgern
mit Wurzeln in Lateinamerika, ja mittlerweile selbst
in der exilkubanischen Kolonie von Miami, sind mit
Blockade und Hass keine Wählerstimmen mehr zu
holen. Wenn Obama über Fehler der USA in der
Kubapolitik spricht, ist das Maß der Dinge für ihn
nicht die Auseinandersetzung mit der eigenen Geschichte. Diese Aussage diente ihm wohl mehr als
Begründung für die Entscheidung, wieder diplomatische Beziehungen aufnehmen zu wollen. Grobe Fehler
wurden zum Beispiel gemacht bei der Einschätzung
von Kubas Stabilität, indem Washington von einem
baldigen Ende des dortigen Systems ausging. Die damit verbundene Bedrohung Kubas hat nicht die erwünschte Wirkung erzielt und die angestrebte Isolierung Kubas ist an der ständig wachsenden Solidarität in der Region und in der Welt ebenfalls zerschellt.
Dem Land und seiner Bevölkerung wurde zwar großer Schaden zugefügt, aber die sozialistische Karibikinsel lebt, ist geachtet und kann nicht isoliert
werden. Ob Obamas derzeitige Bemühungen für ein
Denkmal reichen werden, ist aus meiner Sicht noch
offen. Einen guten Ruf sowie Achtung in Kuba und
in der Region hat er sich damit, ungeachtet der berechtigten Kritik an der nach wie vor an imperialistischen Zielen orientierten Außenpolitik der USA, aber
gewiss erworben.

Regierungsvertreter wichtiger EU-Länder wie Frankreich, Spanien, Italien, die Niederlande und sogar Großbritannien sind aus dem – auf Druck der EU-Rechten zustande gekommenen – Gemeinsamen Standpunkt der Europäischen Union[2] ausgeschert und haben sich noch vor den Politikern aus den USA in Havanna die Klinke in die Hand gegeben. Welche Bedeutung hatte das?

Die Haltung der EU-Länder zu Kuba war nie ganz geschlossen. Zwischen dem Versuch der Isolierung auf den einen Seite und der Wahrnehmung eigener Länderinteressen gab es stets ein Wechselspiel. Während verschiedener Bemühungen um ein besseres Verhältnis der EU zu Kuba in meiner Zeit als Mitglied des Europäischen Parlamentes habe ich häufig erlebt, dass es zum Beispiel in der Politik Spaniens gegenüber Kuba immer große Schwankungen gegeben hat. Nach dem Systemwechsel in den mittel- und osteuropäischen Staaten hat die europäische Rechte in den nachfolgenden Jahren dann ihren Antikommunismus vor allem gegen Kuba gerichtet. Trotzdem hat die Europäische Union früher als die USA neue Zeichen für eine veränderte Kuba-Politik gesetzt. Die ersten offiziellen Verhandlungen zur Normalisierung der Beziehungen hat die EU ja bereits im April 2014 begonnen. Da wird nicht nur eigener Antrieb und Reflexion, sondern wohl auch die Einsicht gewirkt haben, dass die bisherige Politik zum Scheitern verurteilt war. Europas Bedeutung und Einfluss in der Welt stagnieren oder nehmen sogar ab. Die BRICS-Staaten[3] gewinnen dagegen an Gewicht in Wirtschaft und Politik, aber auch in Friedens-

Che-Konferenz am 6. Oktober 2007 in Berlin: Klaus Eichner
(Bildmitte) moderiert einen Teil der Konferenz, links neben
ihm Kubas damaliger Botschafter Gerardo Peñalver

und Sicherheitsfragen. Eine Teilhabe an den Chancen durch den Hafen in Mariel und den Kanal in Nicaragua, eine Verringerung von Armut und Hunger, UN-Weltziele und Fortschritte sind nicht erreichbar, wenn Kuba nicht als gleichberechtigter, souveräner Teil dieser Welt betrachtet wird. Obwohl Washington die exterritoriale Anwendung der Blockade auch unter Obama ständig verschärft hat, gab es eine Zunahme der bilateralen Kontakte zwischen europäischen Ländern und Kuba. Diese vorsichtige Annäherung der EU an Kuba ist in den USA natürlich registriert worden und hat dort den Druck erhöht, sich selbst auch zu bewegen.

Die Solidaritätsbewegung mit Kuba hatte ihre Aktivitäten in den Monaten vor Obamas Erklärung deutlich verstärkt. Hatte das – Ihrer Wahrnehmung nach – auch Einfluss auf die Entwicklung?

Natürlich war Havanna ständig bemüht, Druck für Schritte zur Normalisierung der Beziehung zwischen Kuba und den USA aufzubauen. Zumal sich nach 1990 eine neue Interessenslage entwickelt hat. Der Hinterhof Lateinamerikas war nicht mehr der Tummelplatz militanter Diktaturen, die den USA zu Diensten waren und von Washington beherrscht wurden. Die Resolutionen in den Vereinten Nationen setzten Zeichen der wachsenden Unterstützung für Kuba und waren zugleich Indikatoren für die zunehmende Isolierung der USA. Was lange von Washington behauptet wurde, nämlich dass Kuba den Terrorismus fördere, und subversiv tätige Agenten in den USA einsetze, verlor mehr und mehr an Glaubwürdigkeit. Kuba gewann auf der internationalen Ebene an Vertrauen und die USA wurden in gleichem Maße unglaubwürdiger. Dafür hatte sich ja auch die Solidaritätsbewegung mit großem Engagement eingesetzt. Die Solidarität mit Kuba stärkte beide Seiten. Die Kubaner gewannen einen immer breiteren Kreis von Freunden, die zunehmend Aktivitäten entfalteten. In Deutschland und Europa tätige Solidaritätsorganisationen wie Cuba Sí, die Freundschaftsgesellschaft BRD-Kuba, das Netzwerk Kuba und andere erlebten zugleich aber auch, dass die Kraft der Solidarität Vertrauen, Selbstbewusstsein und Gemeinsamkeit in den eigenen Reihen stärkt.

Sicher haben die weltweiten Aktivitäten zur Unterstützung der »Cuban Five« zur Freilassung der letzten drei, in den USA noch inhaftierten, beigetragen und ihren Austausch gegen den US-Spion Alan Gross und andere in Kuba verhaftete und verurteilte Agenten Washingtons ermöglicht. Langfristig von größerer Bedeutung für den weiteren Prozess der Normalisierung scheint mir aber die Tatsache, dass Kuba mit einem Akt der Humanität eigene Zeichen gesetzt hat. Havanna hatte den Austausch der US-Spione gegen die drei noch inhaftierten Mitglieder der Kundschaftergruppe »Cuban Five« ja immer angeboten. Die

Hans Modrow auf dem SED-PDS Sonderparteitag, Dezember 1989

USA konnten dieses Angebot einer humanitären Lösung, auf das sie sich lange Zeit nicht einlassen wollten, am Ende nicht mehr zurückweisen. Aus meiner Sicht zeigte sich Kubas Stärke nicht allein darin, die drei Cuban-Five-Mitglieder zurückbekommen zu haben, sondern auch darin, den USA ihren Agenten Alan Gross zurückgegeben zu haben.

In seinen Reden vom 17. Dezember 2014 und 1. Juli 2015 hat Obama deutlich gesagt, dass die USA weiterhin einen Systemwechsel in Kuba befördern wollen. Ändert Washington jetzt nur seine Methoden, um unverändert die alten Ziele zu verfolgen?

Eine Frage, die sich nach meinem Erleben in ähnlicher Form auch in Europa stellt. Viele Linkskräfte in Europa haben den Wahlsieg von Syriza und das Referendum in Griechenland, bei dem im Juli 2015 mehr als 61 Prozent gegen das Diktat der Troika gestimmt hatten, schon als eine Wende innerhalb der Europäischen Union gesehen. Sie haben große Hoffnungen und Erwartungen an die Entwicklung in Griechenland geknüpft, dabei jedoch die Entschlossenheit und Stärke der konservativen, reaktionären Kräfte in Europa unterschätzt. Diese bleiben bei ihren Zielen und setzen sie unbeirrt durch, auch wenn die Mehrheit der Bevölkerung etwas anderes will. Von Vornherein hätten die Frage nach unserer Solidarität stärker gestellt und Konzepte entwickelt werden müssen, um unseren griechischen Freunden mehr Rückhalt und die notwendige Stärke mitzugeben.

Für die USA geht es um ihren Platz als einzige Supermacht, um ihre Führungsrolle in der Welt. Wenn Gegenkräfte eigenen Interessen im Weg stehen, müssen Abwägungen getroffen werden. Die wellenförmige Politik zwischen Jimmy Carter, der sich etwas freundlicher gegenüber Kuba zeigte, und Ronald Reagan, der wieder die Konfrontation verstärkte, könnte sich wiederholen. Damals begann China eine eigene, neue Rolle in der Welt zu spielen. Maos Zeit ging zu Ende und Deng[4] hatte neue Zeichen gesetzt. Heute setzt China wieder Zeichen für eine Veränderung des Kräfteverhältnisses in der Welt und die kleine karibische Insel Kuba hat darin einen gewichtigen Platz. 1962, als Kuba in die Lage versetzt werden sollte, seine Unabhängigkeit auch mit Raketen verteidigen zu können, schrammte unser Planet knapp an einem atomaren Weltkrieg vorbei.[5] Heute kann die Insel eine

Drehscheibe für Handelsströme zwischen dem atlantischen und dem pazifischen Ozean in einem bisher nicht gekannten Ausmaß werden. Der 45 Kilometer westlich von Havanna gebaute Tiefseehafen Mariel und der Kanal in Nicaragua verbinden zwei Großmächte, nämlich China und Russland sowie das größte Land Südamerikas, Brasilien, in einem Projekt mit gewaltigen Investitionen und die USA werden dabei neutralisiert. Richtig ist, dass Obama auch deshalb einen ersten, wichtigen Schritt getan hat. Aber wohin der Weg führen wird, ist damit noch nicht entschieden.

Die USA haben bisher unter allen Präsidenten ihre hegemonialen Ziele beibehalten. Die Methoden zu deren Durchsetzung haben sich jedoch häufig verändert. Wie schätzen Sie die Gefahr ein, dass sich das viel gepriesene »Tauwetter« durch einen erneuten Kurswechsel Washingtons wieder in eine neue Eiszeit verwandelt?

Ich verstehe das Misstrauen, das hinter Ihrer Frage steckt. Eine ähnliche Thematik beschäftigte mich 2015 aus einem ganz aktuellen Anlass. Zum Jahrestag des Potsdamer Treffens der drei großen Mächte[6], das 70 Jahre zuvor stattfand, drängten sich solche Fragen geradezu auf. Bei der Konferenz von Jalta im Februar 1945 war Franklin D. Roosevelt, der im April desselben Jahres verstarb, noch dabei. Bei der Konferenz in Potsdam, die im Juli und August 1945 stattfand, war dann Harry S. Truman Präsident der USA. Der britische Premierminister Winston Churchill erlebte noch den Beginn der Verhandlungen, doch sein Nachfolger Clement

Attlee führte sie für Großbritannien zu Ende. Für die Sowjetunion war Josef Stalin in Teheran, Jalta und Potsdam dabei. Unmittelbar nach der Konferenz zündeten die USA am 6. August 1945 die erste Atombombe über Hiroshima und ließen die zweite über Nagasaki drei Tage später folgen. Der Kalte Krieg beherrschte bald die politischen Debatten. Der Wind begann sich zu drehen und die Anti-Hitler-Koalition brach auseinander. Historiker diskutieren bis heute, ob Roosevelt den Anti-Hitler-Pakt der Siegermächte nicht weitergeführt hätte, ihm aber zumindest näher geblieben wäre.

In Lateinamerika ist es so, dass von revolutionären Bewegungen, von starken Kräften und Bündnissen eingeleitete Veränderungen in den letzten Jahren mehr Sicherheit gegen die Bestrebungen der USA geschaffen haben. Es ist nicht so, dass die USA sich um Tauwetter bemüht hätten. In der Geschichte gab es bereits mehrere Versuche von US-Präsidenten, das Verhältnis zu Kuba zu entspannen, doch ihre Versuche erlitten jedes Mal Rückschläge. John F. Kennedy konnte einen offenbar beabsichtigten Entspannungskurs zu Kuba gar nicht erst in die Wege leiten, weil er ermordet wurde. Jimmy Carter hatte die größten Erfolge mit einer etwas offeneren Politik gegenüber Kuba. Als Ergebnis wurden zum Beispiel 1977 die »ständigen Vertretungen« eingerichtet. Aber auf Carter folgte 1981 Ronald Reagan und es wurde schlimmer als zuvor. Das System der USA steht nicht für eine verlässliche Politik. Je nach dem, welche wirtschaftlichen und militärischen Interessengruppen gerade dominieren, kann sich die Art, wie imperialistische Politik durchgesetzt werden soll, dort ständig ändern.

Kubas Präsident Raúl Castro mit
Heinz Keßler (links) und Fritz Streletz

Also könnten die bisherigen Lockerungen der US-Sanktionen gegenüber Kuba und der Normalisierungsprozess wieder in Frage gestellt werden?

Normalität ist bisher doch nur ein Stichwort. Im Verhältnis zwischen Kuba und den USA ist es ein politischer Begriff, der aber noch ohne wesentliche Inhalte geblieben ist. Beide Staaten erkennen sich auf der Ebene von Botschaften wieder an. Aber wer von Weltgemeinschaft spricht und die Vereinten Nationen meint, müsste doch auch wissen, dass Kuba seit langem ganz normal zu der Völkergemeinschaft der Vereinten Nationen gehört. Wo Botschaften eingerichtet werden, müssen die Normen und Gesetze des Gastgeberlandes geachtet und die für die diplomatische

Arbeit notwendigen Bedingungen geschaffen werden. Die Diplomaten sind gemäß den internationalen Regeln verpflichtet, bei ihrer Tätigkeit die Bestimmungen des Völkerrechts einzuhalten. Dies wird vor allem gegenüber den USA, deren Diplomaten diese Bestimmungen in zahlreichen Ländern verletzen, immer wieder einzufordern sein. Die ersten Hürden zur Normalisierung sind zwar etwas sehr mühsam aber dennoch genommen worden. Doch es fehlt noch viel, damit aus Absichterklärungen ein Prozess wird, aus dem konkrete Inhalte für ein wirklich verändertes Verhältnis erwachsen. Es gibt noch sehr viele offene Fragen, über die noch keine Einigkeit erzielt werden konnte. Solange dies nicht geschehen ist, halte ich eine gesunde Skepsis gegenüber der Verlässlichkeit der USA nicht für unangebracht.

An welche konkreten Punkte denken Sie dabei?

Kubas Präsident Raúl Castro und Außenminister Bruno Rodríguez haben ja eine Reihe von Punkten genannt. Dazu gehören die Forderungen, dass die Blockade völlig verschwinden muss, die Bucht von Guantánamo wieder an Kuba zurückgegeben wird, der Prozess der Nationalisierung nach der Revolution als rechtens anerkannt und Verhandlungen über die Verantwortung der USA für die gewaltigen Schäden der Blockade aufgenommen werden. Das sind, wie mir scheint, berechtigte Forderungen. Zu ihrer Umsetzung bedarf es sicher mehr als nur Gespräche über weitere Schritte zur Normalisierung. Das sind Forderungen, die wie die Gegenforderungen der USA, beide Seiten miteinander zu verhandeln und zu klären haben. Dies sind schwierige Prozesse, bei denen – das haben wir in der DDR und den anderen sozialistischen Ländern Europas ja selbst erfahren müssen – sehr aufgepasst werden muss. Die USA werden zu einer Reihe von Punkten B sagen, damit sie zu C kommen. Und es wäre ein fataler Irrtum, zu glauben, dass wenn die Punkte A und B zur Zufriedenheit gelöst sind, die Sache gut gelaufen ist. Das war ja aus meiner Sicht der große Fehler unserer Vertreter in der Konferenz von Helsinki[7]. Unsere Leute glaubten, mit den Punkten 1 und 2 ist das Wichtigste gelaufen und der Punkt 3 spielt keine so große Rolle. Aber Punkt 3 war dann der Hammer. Mit unserer Freude über die erreichten Zugeständnisse der anderen Seite sind wir damals in eine Falle gelaufen.[8]

Der für Kuba bedeutendste Punkt ist die Aufhebung der Blockade. Was ist dabei zu beachten?

Die Kuba-Blockade hat eine eigene Geschichte und hier möchte ich auch ein paar persönliche Worte sagen. Mir scheint, die kubanische Politik unterbewertet einige Erscheinungen, die jedoch für das Verständnis der heutigen, jüngeren Generation wichtig sein könnten. Der Sieg der Revolution 1959 war doch eine große Niederlage für die Kolonialpolitik der USA in ganz Lateinamerika und nicht nur ein Erfolg der Guerilleros auf Kuba. Der Satellit der USA in Europa, die Bundesrepublik Deutschland, brach ihre diplomatischen Beziehungen zu Havanna sofort ab, als die DDR und Kuba diplomatische Beziehungen aufnahmen. Als die Grenze zwischen der DDR und der

BRD 1961 geschlossen wurde, waren die Siegermächte USA und UdSSR mit ihren Besatzungsrechten im Spiel. Bei der Raketenkrise 1962 gab es solche Rechte nicht. Fidel Castro sah sich übergangen und es brauchte Zeit, um das Vertrauen zwischen Kuba und der Sowjetunion wieder herzustellen. Kuba erfuhr danach dann nicht nur Solidarität, sondern hatte seinen eigenen festen Platz im Rahmen der Wirtschaftsintegration der sozialistischen Länder. Es saß immer mit am Tisch der Verhandlungen und war bei Entscheidungen, wie Integration zu entwickeln und zu gestalten ist, gleichberechtigt beteiligt. Dabei kamen gegenseitige Interessen und Handelsbeziehungen ständig ins Spiel. Selbst in der sogenannten Spezialperiode nach 1990 trugen manche Elemente aus dieser Zeit noch zum Überleben bei.

Die USA hatten bis 1973 auch die Aufnahme der DDR in die Vereinten Nationen verhindert, die Sowjetunion im Gegenzug die der BRD. Die Blockade hat gegenüber dem revolutionären Prozess in Kuba und der Integration des Landes in Lateinamerika für die USA nicht das angestrebte Ergebnis, nämlich die Beseitigung des Sozialismus, gebracht. Die Schäden, die sie aber angerichtet hat, waren ungeheuer groß und das Völkerrecht wurde permanent gebrochen. Washington scheint zu begreifen, dass die in Chile und Grenada noch erfolgreich praktizierte Methode, den Systemwechsel durch gewaltsamen Umsturz, Invasion oder Krieg, also mit dem direktem Export der Konterrevolution herbeizuführen, angesichts der Veränderungen im Kräfteverhältnis der Welt und in Lateinamerika so nicht zu wiederholen ist. Wenn Brasilien auf Kuba gewaltige Investitionen in den Ausbau einer mächtigen

Infrastruktur für den maritimen Verkehr der Zukunft
tätigt und China mit dem Kanal in Nicaragua Gleiches
beginnt, dann spüren die USA Gegenkräfte, die sie beachten müssen. Kuba wird die Schwerpunkte seiner
Forderungen nach Aufhebung der Blockade weiterhin
allein und gemäß seinen Interessen setzen. Aber die er-
forderliche Kraft zu entwickeln, um sie gegenüber den
USA dann auch durchzusetzen, wird die Solidarität anderer Freunde und Verbündeter notwendig machen.

Es ist den USA in der Vergangenheit nie gelungen,
ihre Blockade total durchzusetzen, denn bis zum Ende
des Sozialismus in Europa gab es – wie schon gesagt –
eine umfassende Einbeziehung Kubas in die Integration der europäischen sozialistischen Länder. In dieser
Zeit galten die so genannten Cocom-Bestimmungen
und unsere Länder unterlagen selbst einer Blockade,
wenn es um die moderne Entwicklung von Techniken
in Wissenschaft und Ausrüstung ging. Nicht von un-
gefähr hatte unser Wirtschaftsbündnis den Namen
Rat für gegenseitige Wirtschaftshilfe (RGW). Mit den
Wahlerfolgen und der Bildung von Linksregierungen
in Lateinamerika wurde die Umsetzung der US-Blockade dann erneut in vielfältiger Weise gestört und
manchmal auch durchbrochen. Gegenwärtig bleibt ab-
zuwägen, ob es nicht auch im Interesse der USA liegt,
die Blockade schrittweise aufzugeben. Einen geschlossenen, alle Wege versperrende Riegel, gibt es nicht
mehr. Obama hat auf Seiten der USA ohne Zweifel
den Anstoß für eine Politik gegeben, die über die Wiederaufnahme der diplomatischen Beziehungen hinausgehen soll. Das Stichwort dafür lautet – wie er selbst
sagt: Normalität.

Normalität müsste aber doch auch dazu führen, dass in der Europäischen Union alle im Geiste der USA-Interessen getroffenen Erklärungen und Bestimmungen aufgehoben und die eigenen Positionen damit verändert werden. Es muss das Recht der Völker respektiert werden, nach dem gute Beziehungen zwischen allen Ländern nach deren eigenem Interessen und Vorstellungen und nicht nach imperialen Interessen der einzigen Supermacht USA zu vereinbaren sind. Ein solcher Schritt könnte übrigens auch ein Impuls für ein besseres politisches Klima in den Vereinten Nationen sein. Wenn Barack Obama, John Kerry, Hillary Clinton und andere Politiker der USA von Normalität reden, müssen sie endlich Schluss mit allen Bestrebungen ihres Landes zur Isolierung Kubas machen. Es reicht nicht, wenn die USA oder auch die EU lediglich ihren guten Willen erklären, sie müssen ihn schon in der Realität beweisen. Guter Wille herrscht nicht, wenn Kriege wie die gegen Irak und Afghanistan geführt, offene und verdeckte Militäraktionen wie in Syrien stattfinden und Drohungen wie gegen Russland forciert werden. Guter Wille könnte in Bezug auf Lateinamerika mit der wirklichen Respektierung Kubas beginnen und die Beendigung der Blockade als erster, wichtiger Schritt dahin, eingeleitet werden.

Für die weitere Entwicklung reicht es meiner Ansicht nach jedoch nicht aus, dass der Kongress die Aufhebung der Blockade nur einseitig beschließt. Diesem Schritt muss unbedingt die Zweiseitigkeit von verbindlichen Vereinbarungen folgen. Kuba braucht Sicherheit, auch Planungssicherheit und dazu benötigt die kubanische Wirtschaft Verträge, in denen faire und klare Vereinbarungen festgehalten werden. Und damit die Beendigung der Blockade verlässlich sein soll, müssen ihr weitere Schritte, wie zum Beispiel die Rückgabe der Bucht von Guantánamo folgen. All das muss vertraglich abgesichert sein, denn sonst ist es nichts wert, wie unsere Erfahrungen in Europa zeigen. Ich will das mit einem Beispiel erklären: Gorbatschow beklagt sich etwa darüber, dass BRD- und US-Politiker, obwohl sie ihm hoch und heilig versprachen, die NATO nicht nach Osten auszuweiten, diese Zusagen gebrochen haben. Aber darüber gibt es weder ein Protokoll noch einen Vertrag. Eine Folge von Gorbatschows blindem Vertrauen in die Einhaltung der Versprechen seiner damaligen Verhandlungspartner erleben wir heute mit der Ost-Expansion der NATO.

Die Bundesrepublik unterstützt in der UN-Vollversammlung zwar die Forderung zur Aufhebung der Blockade. Könnte und sollte sie ihrer Ansicht nach mehr tun?

Ja unbedingt. Ein Land wie die Bundesrepublik Deutschland, das seine wirtschaftliche Stärke als führende Kraft in Europa ständig zeigt und auch bestimmenden politischen Einfluss nimmt, sollte nicht im Maß der von den USA gegebenen Möglichkeiten denken. Die Bundesregierung könnte in Bezug auf Kuba deutlich mehr eigenes, souveränes Handeln zeigen. Ein aktiver Austausch zwischen der Bundesrepublik und Kuba auf zahlreichen Gebieten würde der Welt insgesamt und nicht nur Kuba gut tun.

Zwischen 1970, dem Jahr Ihres ersten Besuches auf Kuba und heute liegt fast ein halbes Jahrhundert. Die große Mehrheit der Kubaner sah sich damals als Sieger der Revolution. Welche Eindrücke begleiten sie heute, nach einer Reihe weiterer Besuche?

Eine scheinbar einfache Frage, für mich jedoch eine schwer zu beantwortende. Was in Kuba der Sieg der Revolution war, war bei uns in der DDR die Befreiung vom Faschismus durch den Sieg der alliierten Mächte über die mit Hilfe des deutschen Kapitals errichtete und aufrecht erhaltene Nazi-Diktatur. Zwischen Dank und eigenem Handeln musste erst eine Brücke geschlagen werden, die über Jahrzehnte zwar hielt, aber in den 1980er Jahren bei uns in der DDR schon manche Risse zeigte. Auf Kuba gehen jetzt neue Generationen den Weg ins politische Leben, in die Wirtschaft und alle anderen Bereiche. Die Worte, die Fidel Castro in der Universität von Havanna 2005 an die Jugend Kubas gerichtet hat[9], gehen mir bei jedem Besuch wieder neu durch den Kopf. Haben wir, die wir ja als junge Generation damals auch mit 18, 19 oder 20 Jahren den Weg ins politische Leben beschritten, wirklich richtig verstanden und begriffen, was uns die Alten wie Wilhelm Pieck, Otto Grotewohl, Walter Ulbricht und andere sagten? Die Rede von Fidel Castro liegt auch schon wieder mehr als zehn Jahre zurück. Allerdings erlebe ich immer wieder, wie die Generationen die Erfahrungen ihrer Mütter und Väter, ihrer Großmütter und Großväter neu aufnehmen, reflektieren und weiter tragen. Ich glaube, und das ist mein Erleben auf Kuba, dass beide Seiten sich dafür wirklich interessieren und aufgeschlossen sind.

Kuba ist weiter bemüht, seinen revolutionären Prozess zu aktualisieren. Die auf der Basis der dem VII. Parteitag der Kommunistischen Partei Kubas im Frühjahr 2016 [10] vorgelegten Bilanz eingeleiteten Korrekturen sollen die weitere Orientierung für wachsenden Fortschritt in Wirtschaft und Gesellschaft geben. KP und Regierung herausgefordert, die allseitige Entwicklung und Stabilität des Landes weiter voranzutreiben und zu gestalten. Bildung, Kultur und Sport haben noch immer einen hohen Standard und der Internationalismus Kubas, seine Solidarität mit anderen, findet größte Aufmerksamkeit in ganz Lateinamerika und weiten Teilen der Welt. Gerade hier beweist die sozialistische Insel ja auch ständig mit neuer Kraft Solidarität, wenn es um Bildung, Kultur und Gesundheitsversorgung in den befreundeten Ländern geht. Auch in anderer Beziehung sind viele Erwartungen auf den VII. Parteitag und seine Weichenstellungen gerichtet. Über 40 Prozent des landwirtschaftlich nutzbaren Bodens auf Kuba liegt zum Beispiel noch immer weitgehend in Brache. Hier dürfen Fragen nach Ursachen und Verantwortung nicht unbeantwortet bleiben. Millionen Touristen fühlen sich jedes Jahr in Kuba wohl und loben Land und Leute. Das Erleben der Insel und ihrer Bewohner, Erfahrungen und Erkenntnisse, die über Sympathien hinausgehen, Eindrücke über die nach seinem Urlaub zu Hause berichtet, all das sind auch wichtige Elemente, der Blockade gegen Kuba einen Teil ihrer zerstörerischen Wirkung zu nehmen und sie am Ende zu überwinden.

Wenn Beginn schon Erfolg heißen soll, müsste ich Zweifel anmelden. Unser ganzes Gespräch zeigt doch, dass Kuba nur ein Glied, wenn auch gewiss ein ganz wichtiges, in einer großen Kette von Ereignissen ist, die wie eine eigene, eventuell auch eine neue Ära erscheinen. Ich würde im Augenblick mehr davon sprechen, dass die bisher eingeleiteten Schritte als Kompromiss in einer festgefahrenen Situation zu bewerten sind, aus der beide Seiten – wenn auch mit unterschiedlichen Interessen – heraus wollen und zum eigenen Nutzen auch heraus müssen. Gelingt das nicht, nehmen beide Seiten Schaden. Kuba würde auf nicht absehbare Zeit unter den Folgen der völkerrechtswidrigen Blockade leiden, die das Alltagsleben schon jetzt behindert und die Umsetzung der ambitionierten wirtschaftlichen Pläne erheblich verzögern könnte. Und die USA verlören ein ganzes Stück ihres Gewichtes als Supermacht mit Führungsanspruch. Hier sehe ich den Spielraum für Kuba, Lateinamerika und die Karibik. Die Chancen für eine neue Ära sind gegeben. Sie zu nutzen und zu gestalten ist jetzt die Herausforderung. Dazu wird gewiss eine neue Qualität der Integration, des politisch-gesellschaftlichen Fortschritts mit einer Entwicklung zur endgültigen Befreiung vom Kolonialismus und für ein friedliches Zusammenleben auf dem Kontinent gehören. Das Besondere Lateinamerikas ist heute aus meiner Sicht nicht, der Kontinent mit einer Sprachfamilie zu sein, sondern derjenige, der anderen Kontinenten zeigt, dass ein Jahrhundert des Friedens die einzige Chance zum Überleben für uns alle

Begrüßung zu Beginn eines mehrstündigen Gesprächs von
Fidel Castro und Hans Modrow im Oktober 1993 in Havanna

ist. Nach der Niederlage des Sozialismus in Europa im
20. Jahrhundert steht jetzt – im 21. Jahrhundert – eine
neue Herausforderung im gesellschaftlichen Prozess an.

**Wie beurteilen Sie die Entwicklung der Beziehungen
zwischen der EU und Kuba? Wo liegen für beide Seiten Chancen und Vorteile?**

Diese Frage hätte ich vor gut einem Jahr gewiss noch anders beantwortet. Der Blick wäre mehr vom alten Kontinent getragen. Lateinamerika bewegt sich aber inten-
siver, komplexer und schneller als Europa. Im lateinamerikanischen Raum und in der Karibik gewinnt
auch die Linke viel schneller an Stärke und Einfluss, als
sie sich in Europa als politische Kraft entwickelt. Der
Wahlausgang in Griechenland im Januar 2015 erschien
vielen Beobachtern zunächst wie ein europäischer Sieg

der Linken. Auch die Zustimmung in einem Referendum für das Programm von Syriza und die Gegenwehr gegen die Austeritätspolitik setzte Zeichen. Beides war real. Doch dann wurde der Wendepunkt für eine linke Politik in Europa nicht – wie erhofft – erreicht. Stattdessen setzen die reaktionären konservativen Kräfte ihre Instrumente mit neuer Schärfe gegen Griechenland ein. Sozialer Raubbau wird sich dort weiter vollziehen. Flughäfen, Häfen, Inseln und viele der noch staatlichen Unternehmen werden verschleudert werden. Pleiten und Armut sollen sich offenbar noch mehr ausbreiten. Diese Politik wird gebraucht, um nicht nur den Griechen zu zeigen, wo es in der EU lang geht. Die sozialen Daumenschrauben werden in allen Ländern noch weiter angezogen. Zugleich hat die Europäische Union in Bezug auf Kuba ein Interesse daran, die von den USA bisher immer wieder angezogene Schlinge, die den EU-Ländern das Handeln erschwert hat, nun endlich loszuwerden und ihre Beziehungen zu der sozialistischen Karibikinsel selbst souveräner zu gestalten. Ich hoffe und erwarte, dass wir Diplomatie und Handel zwischen Kuba und EU-Ländern in der nächsten Zeit aktiver erleben werden. Aber welche Auswirkungen dies dann auf die Stabilität auf Kuba und die Normalisierung im gegenseitigen Verhältnis haben wird, muss sich noch zeigen.

Sie hatten sich lange dafür eingesetzt, dass auch der Bundesaußenminister Kuba besucht. Nun war Frank-Walter Steinmeier vom 16. bis 18. Juli 2015 tatsächlich in Havanna. Doch die Ergebnisse seiner Reise sind – im Vergleich zu den Besuchen anderer

europäischer Außenminister, des französischen Präsidenten François Hollande im Mai 2015 und des italienischen Ministerpräsidenten Matteo Renzi im Oktober 2015 – eher bescheiden. Wie bewerten Sie die Ergebnisse von Steinmeiers Reise und die Kuba-Politik der Bundesregierung?

Manchmal kann die vergangene parlamentarische Zeit vielleicht auch zu etwas nützlich sein. So scheint mir, dass ein Hinweis von mir an den Bundesaußenminister sich als zweckmäßig erwies. Meine Formel gegenüber dem Oberdiplomaten lautete: Ein später Besuch Kubas ist immer noch besser als ein zu später Besuch. Wenn in der Bundesrepublik Deutschland von Verantwortung gesprochen wird, geht man von gewachsener Stärke und nicht belastender Vergangenheit aus. Über die Stärke heißt es dann: Wir brauchen neue, bessere Gewehre, die Panzer und die Flieger sind nicht mehr modern und in der Anzahl reichen sie auch nicht aus. Über fehlende Mittel für Kinder, Bildung und Erziehung, für Kultur, Gesundheit und Altenbetreuung wird gejammert. Für Rüstung und Kriegseinsätze können aber über Nacht sogar Milliardenbeiträge bereitgestellt werden. Gegenüber Kuba ist mit dieser Art von Verantwortung aber kein Blumentopf zu gewinnen. Und da sollte sie auch in keiner Weise mitgedacht sein.

Die Bundesrepublik Deutschland steht doch vielmehr vor der Frage, ob sie in Kuba Chancen vertun möchte, die andere Länder nicht haben. Auf der sozialistischen Insel leben einige zehntausend Bürgerinnen und Bürger, die deutsch sprechen. Viele von ihnen haben Ausbildung und Bildung in der DDR erhalten, die ja dann durch ihren Beitritt ein Teil der Bundesrepublik geworden ist. Das über viele Jahrzehnte gewachsene Vertrauen und gute Verhältnis zwischen Kubanern und Deutschen, und das waren wir DDR-Bürger ja wohl auch, sollte für die heutige Außen- und Wirtschaftspolitik und für die Förderung gemeinsamer Interessen und Möglichkeiten stärker beachtet werden. Diese Anknüpfungspunkte nicht zum gegenseitigen Vorteil zu nutzen, wäre töricht. Kuba war gegenüber der Bundesrepublik Deutschland aktiv und wird es auch bleiben. Es gibt in Kuba großes Interesse an bundesdeutschem Know-how, zum Beispiel in der Umwelttechnologie oder im Bereich der erneuerbaren Energie. Nun steht die Frage an, welche Verhandlungen die deutsche Außenpolitik dort weiter führen will. Da könnte – zum gegenseitigen Nutzen – viel mehr erfolgen, als derzeit geschieht. Wir sollten uns auch überlegen, wie es uns gelingen kann, mit den sozialen Bewegungen von Cuba Sí, dem Netzwerk und anderen Solidaritätsgruppen, der linken Fraktion im Europäischen Parlament, der Fraktion der Linken im Deutschen Bundestag und – ich würde hier auch sagen – den Fraktionen in den Landtagen noch aktiver und wirksamer für einen Austausch auf allen Ebenen zu werben.

Der Besuch des Außenministers der Bundesrepublik Deutschland hat auch den Hauch eines historischen Ereignisses. Natürlich haben Außenminister der DDR Kuba wiederholt besucht. Der letzte Besuch eines deutschen Außenministers in kapitalistischen Zeiten erfolgte laut kubanischer Geschichte jedoch im Jahre 1902. Da gewinnen Bilder vom Treffen Frank-Walter

Steinmeiers mit Raúl Castro so etwas wie historische Bedeutung. Das Memorandum für regelmäßige politische Konsultationen der Außenminister beider Staaten könnte einen Rahmen setzen für breite, vielfältige und häufigere Begegnungen.

Konservative, sozialdemokratische und grüne Politiker aber auch einige »Linke« in der BRD und der EU fordern Veränderungen, allerdings nur in Kuba. Kubaner empfinden das als arrogant, als Ausdruck einer kolonialistischen, imperialistischen Geisteshaltung. Die Position: »Die anderen müssen alles ändern, wir aber nichts« kennen Sie vermutlich noch aus Zeiten des Anschlusses der DDR. Ist dies in Bezug auf Kuba heute hilfreich?

Erscheinungen dieser Art gibt es und wenn es anders wäre, müssten wir uns wundern. Im Hintergrund solcher Forderungen nach Veränderungen in Kuba steckt doch der Klassenkampf mit der Formel: Im heutigen Jahrhundert darf es keinen Sozialismus mehr in der Welt geben. Was Hugo Chávez in Venezuela verkündet hat und Fidel Castro für Kuba vertritt, nämlich einen Sozialismus im 21. Jahrhundert, soll nicht sein dürfen. Im September 1973 wurden die DDR und die BRD in die Vereinten Nationen aufgenommen. Unser Außenminister Otto Winzer trat damals ans Mikrofon und bekundete die Gleichheit aller Mitglieder, was auch für die beiden deutschen Staaten gelten würde. Winzer verwies auf die Souveränität seines Landes, der DDR, die alle anderen Staaten achten sollten. So hat die DDR ihren Platz auch ausgefüllt. Sein Kommentar zum Vorgang insgesamt lautete aber wenige Tage später, dass der Klassenkampf jetzt nur anders daherkäme. Die vorgeblich neue Politik bezeichnete er als »Aggression auf Filzlatschen«. Dahinter steckte die Einsicht der westlichen Welt, dass die alte Politik einer Isolierung der DDR nicht mehr funktionierte. Auch ließ sich die von der BRD und den USA bis dahin favorisierte Methode, Druck auf andere auszuüben, die DDR diplomatisch nicht anzuerkennen, nicht mehr als vereinbar mit dem Recht der Völker darstellen. Es wurden deshalb neue Wege und neue Methoden gesucht, die alten Ziele auf anderem Weg zu erreichen. Gewiss, die Zeit von damals wiederholt sich nicht. Aber die Absicht, Kuba Steine in den Weg zu legen und es erneut zu beherrschen, wird mit neuer Schärfe betrieben werden. Zu Recht tritt die kubanische Seite souverän auf und lässt keine Erniedrigungen zu.

Wenn deutsche Politiker, egal von welcher Partei und Couleur, gegenüber Kuba von Menschenrechten sprechen, müssen sie sich fragen lassen, was im eigenen Land geschieht. Neofaschistische Kräfte treten auf, weit über 100 Menschen haben sie im letzten Jahrzehnt getötet. Justiz und Polizei schauen hilflos zu oder bewusst weg, wenn gezündelt und gemordet wird. Deutsche Geheimdienstagenten erhalten Geld, damit Neonazis aktiv sein können und nicht dafür, dass die Nazis in erster Linie bekämpft werden. Es gab bei der Schärfe der Konfrontationen im Kalten Krieg die bittere, schicksalhafte Situation, dass Menschen an der Grenze zwischen der DDR und der BRD, die zugleich die zwischen NATO und Warschauer Vertrag war, ums Leben kamen. Aber an der Grenze zwischen der DDR und der

Eine Delegation von Cuba Sí gratuliert Hans Modrow
zum 70. Geburtstag. Bildmitte: der 2009 verstorbene
Mitbegründer von Cuba Sí, Reinhard Thiele

Volksrepublik Polen gab es bis 1990 keinen einzigen
Toten. Nach 1990 – bis zum Beitritt Polens in die Europäische Union – haben aber über 100 Personen hier
ihr Leben verloren, weil sie als Migranten über Oder
und Neiße ind die EU wollten. Dies hat allerdings weder Schlagzeilen noch große Empörung ausgelöst. Bevor sich deutsche Politiker zum Richter über Kuba aufschwingen, sollten sie sich vielleicht einmal die Mühe
machen, die Situation der Menschenrechte zu Hause
kritisch zu reflektieren. Kuba strebt im eigenen Land
danach, seine Stabilität zu stärken und ist international auf einem wichtigen Platz des Geschehens getreten.
Das passt vielen natürlich nicht und diese Kräfte setzen
weiter auf Dämonisierung, Desinformation und Destabilisierung. Hier entstehen neue Herausforderungen
und eine neue Solidarität, eine Solidarität mit wachsender Qualität ist gefordert.

Obama und Kerry haben das Scheitern ihrer Kuba-Politik öffentlich eingestanden. Die EU und die Bundesrepublik geben das zwar durch ihr Handeln auch zu, doch zu einem offenen Eingeständnis sind die Regierenden in Brüssel und Berlin offenbar nicht willens. Das zeugt nicht gerade von Souveränität und Stärke. Warum tun sich die Europäer so schwer damit, ihre Fehler zuzugeben?

Das Feld der internationalen Diplomatie ist selbst für die einzige Supermacht USA nicht ohne Stolpersteine. Obama und Kerry äußern in ihren Erklärungen ja keine Kritik an den bisher gescheiterten Aggressionsstrategien der USA oder an den aus ihrem Land gestarteten Terroraktionen gegen Kuba, bei denen tausende Menschen dort ihr Leben oder ihre körperliche Unversehrtheit verloren haben. All dies erwähnen die US-Politiker nicht. Sie betonen in der Öffentlichkeit jedoch in der Tat das Scheitern ihrer bisherigen Politik. Und wie sich zeigt, haben sie zum Glück auch Recht. Sie setzen jetzt auf gut Wetter durch diplomatische Beziehungen. Vertrauensbildung ist aber kaum angesagt. Und für die Klärung von Rechtsfragen zwischen den beiden Ländern wird es noch mancher Anstrengungen bedürfen. Über Guantánamo hat Obama viel geredet, bezieht sich dabei aber fast immer nur auf die Schließung des weltweit kritisierten Gefängnisses. Doch noch ist das Lager dort nicht aufgelöst. Die Rückgabe der besetzten Bucht von Guantánamo ist vom Wesen der Sache her ein Rechtsanspruch, den Kuba hat und über den künftig auch zu verhandeln sein wird. Auf längere Sicht werden die USA ihre Position vermutlich

nicht halten können. China hat ja zum Beispiel auch
Macau und Hongkong zurückbekommen. Wie will
Washington da auf Dauer ernsthaft die anhaltende ille-
gale Besetzung des Areals in Guantánamo begründen?

Was die EU betrifft, so folgt sie anderen Spiel-
regeln. Jetzt wird die Diplomatie verschiedener Länder
auf hoher und – wie Frankreich und Italien zeigen –
auf höchster Ebene aktiv. Damit soll wohl demons-
triert werden: Niemand hat uns vorzuschreiben, mit
wem wir sprechen und wie wir agieren und wir werden uns in unserem Handeln auch nicht einschränken
lassen. Mit dieser Haltung und einer Reihe daraus fol-
gender Aktivitäten wurde ein anderes Klima geschaffen. Und die bisher Unverbesserlichen in der EU haben nun zu prüfen, ob sie sich weiterhin selber isolie-
ren wollen, indem sie ihre Unverbesserlichkeiten weiter betreiben. Das Klima zwischen einzelnen europäischen Ländern, der EU insgesamt und Kuba beginnt
sich positiv zu entwickeln. Die einen lernen schneller, die anderen langsamer. Aber selbst im Schatten
der US-Politik gilt: Stagnation bringt keinen eigenen
Nutzen. Darum sind eigenes Nachdenken und eigenes
Handeln gefragt.

**Wie interpretieren Sie das unterschiedliche Auftreten
von Repräsentanten der USA und Europas?**

Ich versuche hier, eine andere Sicht auf die Dinge zu
erreichen. Schon die nahe Zukunft wird neue Zeichen
setzen. China und Russland, die Shanghaier Organisation für Zusammenarbeit (SOZ)[11] und BRICS verändern die realen Kräfteverhältnisse und rufen neue

Interessensfragen auf. China und Russland sind Atom-
mächte, Indien übrigens auch. Wirtschaftsräume wie
Lateinamerika und die Karibik sind ohne Konkur-
renzkampf mit den USA und einem Teil der EU-Länder wirtschaftlich nicht zu erobern, ohne die Durchsetzung eigener Interessen ist kein Boden zu gewinnen.
Wir erleben seit Ende der 1990er Jahre heiße Kriege
mit Waffen in anderen Teilen der Welt. Und es beginnt,
im Wesen der Sache angetrieben durch zum Teil gegen-
sätzliche Interessen, ein regulärer Wirtschaftskrieg.

Kuba ist von sich aus kein Kraftzentrum in dieser
Auseinandersetzung. Aber es ist und bleibt ein wichtiger Teil für die künftige Entwicklung in Lateinamerika und in der Karibik. Manche Wirtschaftskontakte
nach Lateinamerika sind über Kuba viel erfolgreicher
zu eröffnen als in einer Konfrontation gegen Kuba.
Die EU ist in Europa – bezogen auf die Ukraine – gemeinsam mit der NATO eine Kraft, die Konflikte ini-
tiiert, schürt und verschärft. In Syrien beteiligt sich die
Bundeswehr an Kriegseinsätzen. In Griechenland setzt
man mit starker deutscher Stimme und mit wachsender Schärfe die Politik der Austerität fort. Dieses Vorgehen soll zeigen: Nicht Demokratie, soziale Gerechtigkeit und die Rechte der Bürger sind gefragt, sondern
die imperialen Interessen einer Kerngruppe in der EU
sind das Streben. Kuba erklärt für sich deshalb völlig
zu Recht und in Übereinstimmung mit dem Recht: An
unserer Unabhängigkeit und Souveränität wird nicht
gerüttelt. Die drei Institutionen der Troika fordern
aber von Griechenland – wie schon gesagt – den Ver-
kauf von wichtigem Eigentum – nicht nur des Staates,
sondern auch der Bürger des Landes, damit der Raub-

tierkapitalismus alle Kredite mit Zins und Zinseszins
zurückerhalten wird.

Mir scheint daher, jeder Blick auf Kuba erfordert auch einen Blick in die globale Welt. Um auf Ihre Frage einzugehen: Die USA haben in Bezug auf Lateinamerika und auf Kuba ein klares Konzept. Das Weiße Haus veröffentlichte am 17. Dezember 2014, dem Tag der Reden von Obama und Castro, eine Erklärung in der es heißt: »Heute erneuern wir unsere Führungsrolle auf dem gesamtamerikanischen Kontinent.« Die Bundesrepublik und die EU, deren Lateinamerika- und Kuba-Politik über viele Jahre von den Vertretern der politischen Rechten dominiert wurde, sind sich selbst offenbar noch nicht klar darüber, ob und wie sie ihre Politik gegenüber Kuba ausrichten wollen.

Mit dem VII. Parteitag der Kommunistischen Partei Kubas im April 2016 gehört ein großer Teil der politischen Führung nicht mehr der Generation an, die in der Sierra Maestra oder in der Schweinebucht gekämpft hat. Sie haben Generationenwechsel in der DDR erlebt. Welche Herausforderungen und Chancen sehen Sie für die künftigen Generationen Kubas?

Eine selbst für einen guten Freund Kubas schwere, wenn nicht gefährliche Frage. Auch gute Freunde bleiben Außenstehende. Und Ratgeber, die selbst in keiner Verantwortung stehen, aber Ratschläge erteilen möchten, sind keine hilfreichen Zeitgenossen. Auf und nach dem VI. Parteitag gab es die klare Ansage: Wir stehen vor einem Generationswechsel. Das ist für uns Menschen eine natürliche Entwicklung und auch wir als Revolutionäre können dem nicht ausweichen. Ein ewiges Leben hat niemand von uns. So sprach sinngemäß der Armeegeneral, der dann der Präsident Kubas wurde.

Sie fragen nach meinen DDR-Erlebnissen. Mir scheint, diese haben hier nur bedingt einen Platz. Nachdenkenswerte Erfahrungen ergeben sich vielleicht unter einigen Gesichtspunkten dennoch. Als der zweite Weltkrieg beendet und der Faschismus besiegt war, war die Schar derer, die aus den Konzentrationslagern und Zuchthäusern des Faschismus oder aus der Emigration im Osten wie im Westen kamen, eher klein. Es wurden viele neue und jüngere Menschen gebraucht, die Verantwortung von unten bis oben in Bildung und Kultur, in Machtpositionen von Städten und von Dörfern, in der Justiz und in neu entstehenden Parlamenten übernehmen sollten. Sie mussten in kurzer Zeit ausgebildet werden und danach mussten sie sich darum bemühen, Vertrauen in ihrer Umgebung zu gewinnen. Als die DDR 1949 gegründet wurde, nahmen die älteren uns junge Funktionäre in ihren Reihen auf. Wir konnten lernen und erlebten eine Phase der Vorbereitung, in der wir aber auch schon eigene Verantwortung trugen. Der Sturz Walter Ulbrichts, den die sowjetische Führung mit trug, war wie später die Übergabe der Verantwortung von Erich Honecker an Egon Krenz mit dem falschen Glauben verbunden: Ist die Spitze geändert, werden sich Inhalt und Kurs ganz einfach fortsetzen lassen.

Kuba hat hier eigene Erfahrungen, die mit der Revolution verbunden sind. Fidel Castro hatte seine Zeit und Raúl Castro sein Jahrzehnt und beide konnten sich auf einen Kreis kluger, erfahrener und wie mir scheint auch sehr fähiger Funktionäre stützen, die immer wieder neu heranwuchsen und bei denen immer wieder mit den Aufgaben auch die Fähigkeiten gewachsen sind. Es soll kein Wortspiel sein, wenn ich daher sage: Es geht um eine Kontinuität im Wechsel der Generationen und nicht um einen Austausch nach Gefälligkeit. Es geht darum, das was zu seiner Zeit angebracht und erfolgreich war, für die Zukunft auch personell zu aktualisieren. Fidel, Raúl und viele andere der jetzt oder demnächst abtretenden Führungspersönlichkeiten haben mit der Waffe in der Hand gegen den Imperialismus für Unabhängigkeit, Souveränität und Würde des kubanischen Volkes gekämpft und das sozialistische Gesellschaftsmodell mehr als 55 Jahre lang erfolgreich verteidigt. Die jetzt folgenden Generationen stehen vor anderen, nicht weniger schwierigen Aufgaben und es geht jetzt wirklich darum, den Wechsel der Generationen in der Breite der ganzen Gesellschaft, der Wirtschaft, der Kultur, der Medien und allen anderen Bereichen positiv zu gestalten.

Bei Ihrer Frage möchte ich nicht nur auf unsere eigenen Reihen schauen. Frau Merkel, die gern »die Mutter« genannt wird, hat alle nur möglichen Kandidaten aus den eigenen Reihen gegen sich regulär »weggebissen« und nun jammert ihre eigene Partei über Merkels Unersetzbarkeit. Im bürgerlichen Lager wird kein Generationswechsel vollzogen, sondern um die Macht gekämpft. Die Wahlen in den USA demonstrieren dies sehr deutlich.

Die neue Ära der Beziehungen Kubas zu den USA und der EU wirkt sich auch auf linke Politik in Europa und die Bundesrepublik aus. Kann Kuba für die hiesige Linke weiter Vorbild sein oder geht diese Phase ihrem Ende zu?

Über Wirkungen und Auswirkungen, die mit all den Prozessen der Revolution und ihrer Aktualisierung verbunden sind, haben wir so manche Stunde gesprochen. Das Wort Vorbild war ich dabei stets bemüht zu vermeiden. Mir scheint darin steckt ein Doppelsinn, der auch schaden kann. Das Vorbild bleibt im ständigen Zwang, Erwartungen erfüllen zu müssen, damit es Lehren vermittelt. Und wer ein Vorbild übernimmt und dabei die Besonderheiten auf die es in ihren Wirkungen ankommt zu wenig beachtet, befördert das Vorbild rasch in einen fehlerhaften Kreislauf. Diesen Kreislauf hat es in der DDR auch immer mit einem beliebten Motto gegeben: »Von der Sowjetunion lernen, heißt siegen lernen!« Damit war die Sache für uns ja ziemlich einfach und bequem geregelt. Schauen wir auf die Sowjetunion, machen wir es wie die Sowjetunion. Ulbricht unternahm dann manches, was den Sowjets so gar nicht gefiel. Als er dazu überging und die Frage nach der Beachtung von Besonderheiten stellte, als er die Frage aufwarf, ob der Sozialismus nicht ein eigener, längerer Prozess sei oder nur eine kurze Übergangsphase in den Kommunismus, wurde er unbequem. Theoretische Überlegungen, die sich aus der Praxis und dem Ablauf der Realität ergeben, sind immer eine Anforderung, wo ein Vorbild wenig Platz hat.

Worauf es mir ankommt ist vielmehr, dass der Blick sich immer die kritisch-konstruktive Betrachtung bewahrt, die Fidel Castro stets ausgezeichnet hat. Als wir – und ich zähle mich auch dazu – in der DDR zunächst glaubten, Gorbatschow bringe eine neue Ära, ohne die Vorgänge selbst zu analysieren und kritisch zu hinterfragen, war das kein Ausdruck von politischer Reife. Viel größer war die Reife in der Politik dagegen bei Fidel Castro

Hans Modrow bei der Präsentation der spanischen Ausgabe seines Buches »Die Perestroika« im Februar 2014 auf der Internationalen Buchmesse in Havanna

ausgeprägt, der immer seine kritische Distanz zu den Ereignissen bewahrte. Etwas, was bei manchen von uns – auch bei mir – erst später, mit dem Jahr 1987, stärker in Erscheinung trat. Und wenn man die Politik Gorbatschows betrachtet, ob sie einem nun gefällt oder nicht gefällt, ob Verrat das richtige Wort dafür ist oder nicht, sei einmal dahin gestellt, muss man sagen: Gorbatschow steht für den Moment in der Geschichte, an dem mit seiner Politik das Ende der Sowjetunion eingeleitet worden ist. Und alles, was heute über Gorbatschow diskutiert wird, selbst meine einstige Überzeugung, dass vor allem er den Anstoß dazu gegeben hatte, dass die Debatte über eine Welt ohne Kernwaffen zwischen den USA und der Sowjetunion aufgenommen wurde, hat eine Einschränkung: Wenn nicht beide Seiten die Realität begriffen hätten, dass ein Atomkrieg keine Überlebenden kennt, hätten Verhandlungen nicht stattgefunden. Allerdings leben wir noch heute mit Kernwaffen. Alles das macht sichtbar, wie bestimmte Dinge ihre ernste Betrachtungen erfordern. Mit Vorbildern macht man es sich oft zu einfach und läuft Gefahr, das eigene Denken zu vernachlässigen. Aber ganz sicher wird die Entwicklung in Kuba die Diskussionen und das Handeln der Linken nicht nur in Lateinamerika, sondern auch bei uns und in allen anderen Teilen der Welt auch weiterhin beeinflussen.

Wo sehen Sie künftige Aufgaben der Solidaritätsarbeit mit und für Kuba?

Was Kuba braucht und uns zugleich stärken kann, ist Solidarität. Eine Solidarität, die Kuba hilft und uns mit ihrer Ausübung als linke Kräfte in unserem Wirken zusammenführt, ja sogar zusammenschweißen kann. Ich plädiere für einen Blick auf Kuba und die kubanische Politik, der sich stärker auf die Betrachtung ihres Suchens nach dem weiteren Weg des revolutionären Prozesses richtet. Eine Haltung, die immer wieder neue Lernprozesse anstößt und die Bereitschaft erfordert, sich selbst lernend zu verändern und dabei den revolutionären Weg weiter zu gehen. Ein Weg, den wir also

auch für uns, für die Linke in Europa stärker aufnehmen und beschreiten sollten. Über Transformations-
theorien zu reden, was bald zu einem Geschwätz geworden ist, hat mit Suche nichts zu tun. Aber eine Suche mit dem Ziel, Europa im Sinne radikaler, revolu-
tionärer Veränderungen zu gestalten, ist eine Anforderung, die wir von Kuba und von Lateinamerika und
ihren linken Kräften als Lehre aufnehmen sollten.

1 Gemeint ist der von vielen Beobachtern als historisch bezeichnete erste Händedruck von Barack Obama und Raúl Castro am 10. Dezember 2013 während der Trauerfeier für den südafrikanischen Freiheitskämpfer und ersten schwarzen Präsidenten des Landes Nelson Mandela.

2 Der Gemeinsame Standpunkt war 1996 auf Initiative des rechtskonservativen spanischen Ministerpräsidenten José María Aznar von den EU-Mitgliedsländern beschlossen worden und blockiert seitdem die Kubapolitik der Europäischen Union. Dieses Dokument macht einen Systemwechsel auf der sozialistischen Karibikinsel zur Bedingung für die Aufnahme normaler Beziehungen. Kuba ist deshalb das einzige Land Lateinamerikas, mit dem die EU kein Kooperationsabkommen abgeschlossen hat.

3 Die BRICS-Staaten sind ein Bündnis von fünf Ländern mit aufstrebenden Volkswirtschaften. Die Abkürzung BRICS steht für die Staaten Brasilien, Russland, Indien, China und Südafrika.

4 Nach dem Tod von Mao Tsetung (1893–1976) wurde Deng Xiaoping (1904–1997) dessen Nachfolger als Vorsitzender der Kommunistischen Partei Chinas.

5 Gemeint ist die Raketenkrise im Oktober 1962, als die USA mit einer Seeblockade und Kriegsdrohungen den Abzug sowjetischer Nuklearraketen von Kuba erzwangen.

6 Die Potsdamer Konferenz fand vom 17. Juli bis zum 2. August 1945 im Schloss Cäcilienhof statt. Sie war eine Zusammenkunft der drei Hauptalliierten (USA, Sowjetunion und Großbritannien) des Zweiten Weltkriegs und wurde offiziell als Dreimächtekonferenz von Berlin bezeichnet. Ihre Ergebnisse zu Deutschland wurden im »Potsdamer Abkommen« und in Bezug auf Japan in der »Potsdamer Erklärung« festgehalten.

7 Gemeint ist die Konferenz über Sicherheit und
Zusammenarbeit in Europa (KSZE). Auf Initiative
des Warschauer Vertrages begann zur Zeit des
Kalten Krieges mit Auftakt in Helsinki ab dem
3. Juli 1973 eine Folge von blockübergreifenden
Konferenzen der europäischen Staaten. Teilnehmer
waren 35 Staaten: Sieben sozialistische Länder,
dreizehn neutrale und fünfzehn NATO-Staaten.
Nach zweijährigen Verhandlungen wurde am
1. August 1975 die KSZE-Schlussakte von Helsinki
unterschrieben. Erich Honecker (DDR) saß dabei
als gleichberechtigter Partner zwischen Helmut
Schmidt (BRD) und Gerald Ford (USA). Die
unterzeichnenden Staaten verpflichteten sich in
dieser Absichtserklärung die Unverletzlichkeit der
Grenzen, einschließlich der zwischen BRD und DDR,
zu achten, die Souveränität und territoriale Integrität
der Staaten anzuerkennen, zur friedlichen Regelung
von Streitfällen, zur Nichteinmischung in die inneren
Angelegenheiten anderer Länder sowie zur Wahrung
der Menschenrechte und Grundfreiheiten. Außerdem
wurde die Zusammenarbeit in den Bereichen
Wirtschaft, Wissenschaft und Umwelt vereinbart.
In Folgekonferenzen sollte die Umsetzung der
KSZE-Schlussakte in den einzelnen Staaten geprüft
werden.

8 Über die Folgen der Konferenz heißt es im
Onlinelexikon Wikipedia:»Unmittelbar nach der
Konferenz galt in den Augen vieler Beobachter der
Ostblock als eigentlicher Gewinner der Konferenz,
da erstmals die Grenzen der osteuropäischen
Staaten (insbesondere Polens und der DDR) in einem
internationalen Vertrag anerkannt wurden, das Prinzip
der Nichteinmischung in die inneren Angelegenheiten
festgeschrieben und auch die Grundlagen für (vom
RGW-Raum gewünschte) Wirtschaftsbeziehungen
geschaffen wurden. Erst später zeigte sich, dass der
sich mit den Menschenrechten befassende Teil, der
von den RGW-Staaten wohl zunächst nicht ernst
genommen worden war, ein größeres Gewicht besaß.
Er war Grundlage für die Arbeit vieler osteuropäischer
Dissidenten und Menschenrechtsorganisationen, ... die
sich auf die Akte von Helsinki beriefen. Sie trugen zum
Zusammenbruch des Ostblocks bei ...«

9 Am 17. November 2005 warnte Fidel Castro in der Universität von Havanna davor, dass die Kubanische Revolution nicht von außen, wohl aber, wie er sagte, »von uns selbst« durch »unsere eigenen Schwächen und Fehler« zerstört werden könne.

10 Das symbolträchtig gewählte Eröffnungsdatum des VII. Parteitags der Kommunistischen Partei Kubas (PCC) am 16. April 2016 ist zugleich der 55. Jahrestag der Proklamation des sozialistischen Charakters der Kubanischen Revolution durch Fidel Castro.

11 Die Shanghaier Organisation für Zusammenarbeit (SOZ) ist eine 2001 gegründete internationale Organisation mit Sitz in Peking. Im Juli gehörten ihr die Volksrepublik China, Russland, Usbekistan, Kasachstan, Kirgisistan, Tadschikistan, Indien und Pakistan als Mitgliedstaaten an. Afghanistan, Belarus, Iran und die Mongolei haben Beobachterstaaten. Zahlreiche weitere Länder sind an einer Zusammenarbeit interessiert. Die SOZ vertritt rund ein Drittel der Weltbevölkerung und stellt damit die weltweit größte Regionalorganisation dar.

Fritz Streletz

Ausbau der US-Militärpräsenz bedroht
Kuba und den Frieden in Lateinamerika

Für das Verständnis der aktuellen Entwicklung Kubas
und Lateinamerikas scheint es mir sinnvoll, sich
auch mit militärstrategischen Vorgängen in der Region zu beschäftigen. Herr Streletz, ich möchte Ihnen zunächst für Ihre Bereitschaft danken, mir zu diesem Komplex einige Fragen zu beantworten. Sie waren von 1971 bis 1989 Sekretär des Nationalen Verteidigungsrates (NVR) der DDR, von 1979 bis 1989
waren Sie außerdem Stellvertretender Minister für
Nationale Verteidigung und Chef des Hauptstabes
der Nationalen Volksarmee (NVA) und während dieser Zeit auch Stellvertretender Oberkommandierender der Streitkräfte des Warschauer Vertrages. Welche
militärische Bedeutung hatte Lateinamerika in der
Ost-West-Auseinandersetzung?

Nach Ende des Zweiten Weltkrieges nahm das Konfliktpotential zwischen den westlich kapitalistischen
Ländern unter Führung der Vereinigten Staaten von
Amerika auf der einen und den sozialistischen Ländern Europas mit der Sowjetunion an der Spitze auf
der anderen Seite ständig zu. Lateinamerika wurde von
den USA als ihr »Hinterhof« betrachtet und spielte
in der Ost-West-Auseinandersetzung aus militärischer
Sicht wie auch politisch zunächst keine herausragende

Rolle. Im März 1947 verkündete US-Außenminister Harry S. Truman vor dem Kongress der USA die nach ihm benannte »Truman-Doktrin«. Deren Leitsätze bestimmten seitdem die Außenpolitik der USA. Sie besagten, vereinfacht gesagt, dass die USA keine weitere Ausbreitung des Sozialismus in der Welt zulassen werde. Konkret ging es zunächst um die Niederschlagung linker Bewegungen in Griechenland, der Türkei und dem Iran. Mit der »Truman-Doktrin« begann der Kalte Krieg. Am 14. Mai 1955 wurde – als Gegenpol zu der bereits am 4. April 1949 von den USA gebildeten NATO – die Warschauer Vertragsorganisation (WVO) gegründet. Ihr gehörten neben der Sowjetunion auch Albanien (bis 1968), Bulgarien, die DDR, Polen, Rumänien, die Tschechoslowakei und Ungarn an. Kein Land Lateinamerikas war je Mitglied eines dieser beiden Militärbündnisse. Deshalb nahm Lateinamerika – wie schon gesagt – in unseren militärischen Überlegungen zunächst eine eher untergeordnete Rolle ein.

Mit dem Sieg der Kubanischen Revolution am 1. Januar 1959 veränderte sich die Weltlage. Im Januar 1949 war der Rat für gegenseitige Wirtschaftshilfe (RGW) gegründet worden, dem Kuba im Jahr 1972 beitrat. Warum wurde das sozialistische Kuba zwar Mitglied im RGW, nicht aber im Warschauer Vertrag?

Dahinter steckte die Überlegung, dass die USA eine Ausweitung unseres Militärbündnisses bis vor ihre Haustür als aggressiven Akt auslegen könnten. Deshalb sahen wir in Kuba zwar einen sozialistischen Vorposten in Amerika, waren aber darauf bedacht, in der damals ohnehin sehr angespannten Situation, keinen Vorwand für militärische Aktionen der USA zu liefern. Die von mir bereits erwähnte »Truman-Doktrin« galt als Erweiterung der bereits 1823 von US-Präsident James Monroe entwickelten »Monroe-Doktrin«[1], mit der Lateinamerika faktisch zum Hinterhof der USA erklärt worden war. 1954, also noch vor Gründung des Warschauer Vertrages, organisierte die CIA einen Staatsstreich in Guatemala, um den demokratisch gewählten Präsidenten Jacobo Árbenz Guzmán, den Washington für einen Sozialisten hielt, zu stürzen. Damit war klar, wie die USA auf politische Veränderungen in ihrem Hinterhof reagierten. Die CIA-Aktionen und den Terror gegen die neue Volksmacht in Kuba sowie die Invasion in der Schweinebucht im Jahr 1961 haben die relativ jungen revolutionären kubanischen Streitkräfte, die Milizen und die Bevölkerung aus eigener Kraft zurückgeschlagen. Dadurch hatten diese Vorgänge militärisch keine verschärfende Bedeutung für den Ost-West-Konflikt. Die Staaten des Warschauer Vertrages haben zwar bei der Ausbildung der kubanischen Armee und deren Ausstattung mit Technik und Waffen geholfen, waren aber immer darauf bedacht, einen direkten militärischen Konflikt zwischen den beiden Bündnissen zu vermeiden. Die Raketenkrise im Oktober 1962 war eine Auseinandersetzung zwischen der Sowjetunion und Kuba auf der einen und den USA auf der anderen Seite, wurde aber nicht zum Konflikt zwischen den beiden Militärbündnissen. Wäre Kuba Mitglied im »Warschauer Vertrag über Freundschaft, Zusammenarbeit und gegenseitigen Beistand« gewesen, dann wäre aus der Raketenkrise ein Verteidigungsfall mit unabsehbaren Folgen für unser Bündnis und die Welt geworden. Schon die von den USA im April 1961 initiierte Invasion in der Schweinebucht hatte eine politische und militärische Situation geschaffen, die bei unseren Überlegungen, welche im August 1961 zur Schließung der Grenzen von der Ostsee bis zum Schwarzen Meer führten, eine Rolle spielte. Wir fühlten uns durch die USA und die NATO bedroht. Militärisch, so könnte man sagen, hielten wir uns zwar zurück, politisch galt aber bereits 1961/1962 unsere Solidarität dem kubanischen Volk und seiner Armee. In der NVA gab es in dieser Zeit vielfältige Solidaritätsbekundungen.

Als der Warschauer Vertrag aufgelöst wurde, hieß es, nun käme eine Zeit des ewigen Friedens. Doch statt weniger, gibt es heute mehr Kriege mit verheerenderen Folgen als je zuvor. Sind Sie von dieser Entwicklung enttäuscht?

Ja, weil die kriegerischen Auseinandersetzungen für die davon Betroffenen – aber auch für die gesamte Weltbevölkerung – eine Zunahme von Armut, Not und Elend bewirken. Ja, weil die heutigen Flüchtlingsströme in Europa hier eine ihrer Ursachen haben. Ja, weil hierin auch eine der Ursachen für eine brandgefährliche Rechtsentwicklung liegt, die den inneren und äußeren Frieden vieler europäischer Länder gefährdet. Auf der anderen Seite muss ich aber sagen, dass ich mich nicht darüber wundere, weil ich mir nie Illusionen über eine angebliche Periode des ewigen Friedens

Freundschaftliche Gespräche unter Kampfgefährten

gemacht habe. Die Existenz der beiden großen Militärblöcke hat den Frieden in Europa über 40 Jahre lang gesichert, obwohl es in anderen Teilen der Welt, wie etwa in Korea, Vietnam und Afghanistan grausame Kriege mit Millionen Opfern gab. Europa aber, wo sich die beiden Blöcke direkt gegenüber standen, ist während dieser Zeit von Kriegen verschont geblieben. Nach Auflösung des Warschauer Vertrages erweitert die NATO ihren Einfluss immer weiter nach Osten. Seit dem Angriff auf Jugoslawien gehören Kriege in Europa wieder zu unserem Alltag und ich fürchte, mit der Ukraine ist der aggressive Hunger der imperialistischen Mächte noch nicht gestillt.

Bevor wir zu weiteren Themen kommen, würde ich zunächst gern erfahren, wann Sie zum ersten Mal Kontakt mit kubanischen Militärs hatten. Wie ist er zustande gekommen? Und welchen Eindruck haben die kubanischen Militärs auf Sie gemacht?

Im November 1965 erhielt ich von Verteidigungs-minister Heinz Hoffmann den Befehl, einen Besuch des Chefs der operativen Verwaltung der Kubanischen Streitkräfte, das war praktisch mein Partner in Kuba, zu organisieren und die Gäste zu betreuen. Ende des Monats traf dann Comandante Antonio Enrique Lussón Batlle, ein enger Kampfgefährte Fidel und Raúl Castros, mit seiner Ehefrau, die Hauptmann der Armee war, zu einem achttägigen Besuch in Berlin ein. Der kubanische Verteidigungsminister Raúl Castro hatte ihn beauftragt, sich über das Führungssystem im Ministerium für Nationale Verteidigung (MfNV) der DDR und auch über unser Grenzsicherungssystem zu informieren.

Aber Kuba ist eine Insel ohne direkte Landgrenzen. Wozu sollte das gut sein?

Die USA hatten nur wenige Jahre zuvor mit Hilfe von Söldnern in der Schweinebucht eine Invasion versucht. Auch die Raketenkrise war noch in frischer Erinnerung. Und in dieser Situation bauten die USA ihre militärische Präsenz in dem von ihnen besetzten Gebiet in der Bucht von Guantánamo[2] aus. Durch unser Land verlief die vermutlich gefährlichste Grenze der Welt, nämlich die zwischen NATO und Warschauer Vertrag. Die Kubaner wollten unsere Erfahrungen auswerten, um die Grenzstreifen zu der von den USA besetzten Region in der Bucht von Guantánamo im Osten Kubas zu sichern. Comandante Lussón war ausgezeichnet vorbereitet, hatte viele Fragen und ging ausgiebig auf unsere Angebote zu Gesprächen mit Angehörigen

Beobachtung der US-Basis in der Bucht von Guantánamo

der Grenztruppen und zum Studium der Organisation unseres militärischen Führungssystems ein. Beim Abschlussempfang durch unseren Verteidigungsminister, Armeegeneral Heinz Hoffmann, lobte der kubanische Gast ausdrücklich die informative, offene und herzliche Atmosphäre während seines Besuchs bei der Nationalen Volksarmee (NVA). Im Januar 1966 traf dann ein Dankschreiben von Raúl Castro ein, in dem er anfragte, ob der Chef der Operativen Verwaltung, Generalmajor Fritz Streletz, und der Chef der Nachrichtentruppen, Generalmajor Georg Reymann, nach Kuba kommen könnten, um den dortigen Genossen an Ort und Stelle bei der Umsetzung ihrer in der DDR gesammelten Erkenntnisse zu helfen. Im April 1966 reiste ich zum ersten Mal nach Kuba und konnte mir bei diesem Besuch zwei Tage lang persönlich ein Bild vom Grenzsicherungssystem in der Bucht von Guantánamo machen. Mit dessen Hilfe konnten die von der US-Basis ausgehenden Übergriffe und Verletzungen des kubanischen Territoriums deutlich verringert und unter Kontrolle gebracht werden. Weil wir von der Gegenseite genauestens beobachtet wurden, trugen wir während des Aufenthalts an der Grenze übrigens kubanische Uniformen. Mit dem Besuch Enrique Lussóns in Berlin und unserem Gegenbesuch begann eine intensive Zusammenarbeit zwischen den revolutionären Streitkräften Kubas und der NVA. Übrigens pflege ich noch heute, 50 Jahre später, einen engen, freundschaftlichen Kontakt zu Generalleutnant Enrique Lussón, der den Titel »Held der Republik Kuba« trägt.

Verraten Sie mir weitere Details über Ihre erste Reise nach Kuba im Jahr 1966?

Als Generalmajor Georg Reymann und ich im April 1966 zum ersten Mal die Revolutionären Streitkräfte Kubas[3] besuchen wollten, war das zunächst gar nicht so einfach, denn zwischen Berlin und Havanna gab es zu dieser Zeit keine Flugverbindung. Um nach Kuba zu gelangen, mussten wir erst nach Prag fliegen, dann ging es von Prag nach Nordirland, von dort nach Gander in Kanada und schließlich weiter nach Havanna, wo wir von Comandante Lussón und Mitarbeitern des Generalsstabs herzlich begrüßt und in einem Gästehaus der Armee untergebracht wurden. Es mag komisch klingen, aber als eine unserer ersten Aktivitäten haben wir die zivile Kleidung wieder gegen unsere NVA-Uniformen gewechselt, die wie beim Flug über Kanada wegen dessen NATO-Mitgliedschaft ja nicht tragen konnten.

Haben Sie damals schon Fidel oder Raúl Castro persönlich kennen gelernt?

Ja, beide. Gleich am zweiten Tag unseres Aufenthalts wurden wir von Verteidigungsminister Raúl Castro empfangen. In einem sehr herzlichen, interessanten Gespräch, das etwas mehr als zwei Stunden dauerte, informierte er uns über die aktuelle Situation Kubas und unser Besuchsprogramm. Wir besuchten unter anderem die Offiziersschule in Havanna, einen Truppenübungsplatz, den Generalstab und – wie bereits erwähnt – die Grenzanlagen zum Militärstützpunkt der USA in der Bucht von Guantánamo. Nach diesen interessanten, aber auch anstrengenden Programmteilen luden unsere Gastgeber uns nach Varadero ein, das damals völlig anders aussah als die Urlaubsregion, die viele Besucher heute kennen. In Varadero gab es damals gerade einmal 860 Betten, die nur für Angehörige der Armeen des Warschauer Vertrags vorgesehen waren. Tourismus war noch völlig unbekannt. Heute gibt es in Varadero zehntausende Hotelbetten und Privatquartiere für Besucher aus aller Welt.

In besonderer Erinnerung ist mir ein gut zweistündiges Zusammentreffen mit Fidel Castro geblieben, der uns gemeinsam mit Raúl am letzten Tag unseres Aufenthaltes empfing. Wir berichteten ihm von unserer Reise, der Zusammenarbeit mit den kubanischen Genossen und bedankten uns für die Gastfreundschaft. Fidel Castro löcherte uns mit Fragen. Er wollte auch wissen, was uns in Kuba im Vergleich mit der DDR besonders aufgefallen war. Ich beschrieb ihm, wie stark mich der kameradschaftliche Umgang, der Optimismus und das

Vertrauen in Partei und Staat beeindruckt hatten. Als Fidel weiter bohrte, sagte ich, mir sei auch aufgefallen, dass offenbar alle Kubaner Rhythmus im Blut hätten und – vom Kleinkind bis zur Oma – zu tanzen anfingen, sobald Musik erklingt. Fidel schmunzelte und seine Antwort werde ich nie vergessen. »Genosse General«, sagte er, »wenn alle Kubaner einmal so gut arbeiten wie sie tanzen, dann können wir den Sozialismus wirklich erfolgreich aufbauen.«

Welche Eindrücke haben sich Ihnen außerdem eingeprägt?

Es waren sehr viele Erlebnisse, die mich schon beim ersten Besuch auf dieser wunderschönen Karibikinsel

Herzliche Begrüßung unter Freunden:
Raúl Castro, Fritz Streletz

tief beeindruckt und sich mir eingeprägt haben. Dazu
gehört der solidarische Umgang miteinander, die
Fröhlichkeit, der Optimismus, der Stolz und die
Würde, welche die Menschen dort ausstrahlen. Besonders beeindruckt hat mich die Bescheidenheit der
meisten Menschen in Kuba, die so manche Entbehrung ertragen haben. Trotzdem haben sie immer wieder ihren unbeugsamen Willen bekundet, die Entwicklung Kubas voranzutreiben. Vor allem haben
aber natürlich die Begegnungen mit Fidel und Raúl
Castro einen nachhaltigen Eindruck bei mir hinterlassen. Schon bei meinem ersten Aufenthalt bin ich ein
echter Freund Kubas geworden und es bis heute geblieben.

Wie oft waren Sie denn bisher schon auf Kuba?

Ich hatte das große Glück, die Republik Kuba von
1966 bis 2015 insgesamt neunzehnmal besuchen zu
können. Bei diesen Aufenthalten wurde mir die große
Ehre zuteil, dreimal von Fidel Castro empfangen zu
werden und rund 20 Begegnungen mit Raúl Castro gehabt zu haben. Jedes dieser Zusammentreffen war für
mich beeindruckend und lehrreich. Und jedes Mal,
wenn ich auf dem Weg zu der sozialistischen Karibikinsel bin, empfinde ich große Freude und bin voller
Erwartungen, weil ich weiß, dass mich dort Genossen
und Kampfgefährten erwarten, mit denen mich teilweise bereits seit 50 Jahren eine enge, kameradschaftliche Freundschaft verbindet. Bei allen Besuchen nehmen wir uns die Zeit für einen intensiven Meinungsaustausch.

Sie sagten, dass mit dem DDR-Besuch kubanischer Offiziere im Jahr 1965 und Ihrem Gegenbesuch 1966 die Zusammenarbeit zwischen der NVA und den Fuerzas Armadas Revolucionarias (FAR) begründet wurde. Wie sah diese Zusammenarbeit aus?

Nach dem Besuch 1966 haben wir unseren kubanischen Freunden regelmäßig bei der Ausbildung von Militärkadern hilfreich unter die Arme gegriffen. Diese Ausbildung erfolgte natürlich unentgeltlich und auf Solidarbasis. Noch in den Jahren 1989/1990 befanden sich 128 kubanische Offiziersschüler in den Lehreinrichtungen der NVA. 118 besuchten die Offizierhochschule für ausländische Militärkader »Otto Winzer« in Prora und zehn die Offizierhochschule der Volksmarine »Karl Liebknecht« in Stralsund. Seit Ende der 1970er Jahre gab es auch einen Urlauberaustausch zwischen unseren beiden Armeen. Vor allem aber gab es seit dieser Zeit natürlich einen intensiven Erfahrungsaustausch zwischen den Streitkräften. Jährlich besuchten zwei bis drei Delegationen beider Armeen das jeweils andere Land. Seit über zehn Jahren verbindet mich eine enge Freundschaft mit dem Vizeminister und Chef des Generalstabs, General Álvaro López Miera.

Wie funktionierte die militärische Zusammenarbeit zwischen der DDR und Kuba? Können Sie mir das an einem Beispiel etwas genauer erklären?

Im Juni 1972 hat Fidel Castro zum ersten Mal die DDR besucht, der Gegenbesuch Erich Honeckers fand im Februar 1974 statt. Nach seiner Rückkehr bestellte

Honecker Verteidigungsminister Heinz Hoffmann und
mich zu einer Besprechung ein. Er informierte uns
über seine Gespräche mit Fidel Castro und über eine
Bitte der kubanischen Seite. Fidel Castro hatte gehört,
dass die DDR auf dem Gebiet der Landesverteidigung
eigene Wege, unabhängig von der Sowjetunion, beschritten hätte und er meinte, dass dies für Kuba interessant sei und man daraus sinnvolle Erkenntnisse
gewinnen und Schlussfolgerungen für die eigene Verteidigung ziehen könne. Schließlich waren sowohl die
DDR als auch Kuba eher kleine Länder, beide waren
gleichermaßen ständig bedroht und es gab weitere Ge-
meinsamkeiten. Castro hatte Honecker deshalb darum gebeten, Spezialisten des Generalstabs der Kubanischen Armee zu ermöglichen, sich in der DDR an
Ort und Stelle über unsere Konzepte und Maßnahmen zur Territorial- und Landesverteidigung zu informieren. Honecker trug uns auf, eine Delegation im
Namen des Ministeriums für Nationale Verteidigung
(MfNV) einzuladen und deren Aufenthalt zu organisieren. Er legte großen Wert darauf, dass wir die kubanischen Genossen offen und ehrlich informierten und
ihnen zudem aussagekräftige Unterlagen über Einrichtungen wie den Nationalen Verteidigungsrat, die Be-
zirks- und Kreiseinsatzleitung, zur Grenzsicherung
und Zivilverteidigung, die Kampfgruppen der Arbei-
terklasse und andere, sie interessierende Fragen, über-
gaben. Zum Abschluss ihres einwöchigen Aufenthalts
äußerten sich die vier Mitglieder der kubanischen Delegation zufrieden und dankbar über die Informationen
und sagten, dass dies eine gute Grundlage für Überlegungen zur Stärkung der eigenen Landesverteidigung

wäre. Bei späteren Aufenthalten in Kuba konnte ich mich übrigens davon überzeugen, dass die Kubaner eine ganze Reihe unserer Erfahrungen übernommen hatten. Unerwartet wurde der damals entstandene persönliche Kontakt übrigens gut 30 Jahre später wieder aufgefrischt. Als der ehemalige DDR-Verteidigungsminister Heinz Keßler und ich im April 2006 die Militärakademie in Havanna besuchten, kam deren Kommandeur, ein Generalleutnant, freudestrahlend auf uns zu und begrüßte uns herzlich. Es war der Genosse, der 1974 als junger Oberst, die kubanische Militärdelegation beim Besuch in der DDR geleitet hatte.

Sie waren auch Stellvertretender Oberkommandierender der Streitkräfte des Warschauer Vertrages. Stimmt es, dass Kuba seine internationalistische Hilfe für nationale Befreiungsbewegungen in Afrika allein und mit eigenen Mitteln geleistet hat?

Ja, Kuba hat unter anderem die nationalen Befreiungsbewegungen in Angola, Äthiopien, Mozambique und Namibia unterstützt. Zwischen 1975 und 1991[4] kämpften hunderttausende Angehörige der Revolutionären Streitkräfte Kubas in Afrika an der Seite derjenigen, die sich gegen die Angriffe des südafrikanischen Apartheid-Regimes verteidigten. Zehntausende kubanischer Internationalisten sind von diesen Einsätzen nicht zurückgekehrt. Diese Opfer hat nur das kubanische Volk gebracht. Und neben den menschlichen Opfern, die natürlich am schwersten wiegen, hat Kuba auch die meisten materiellen Lasten allein getragen. Angolas Hauptstadt Luanda ist eine Flugstunde wei-

ter von Havanna entfernt als Moskau. Die Angehörigen der FAR samt umfangreichem Militärgerät und
dazu zahlreiche zivile Helfer – Ärzte, Pfleger, Krankenschwestern, Lehrer aber auch Bauarbeiter – wurden auf
Schiffen der kubanischen Handelsflotte zu ihren acht-
bis zehntausend Kilometer entfernten Einsatzorten
transportiert. Das alles hat Kuba aus eigenen Mitteln
finanziert. Nicht ein einziges Bataillon wurde von einem sowjetischen Schiff befördert. Kein Land im sozialistischen Lager hat – bezogen auf die Bevölkerungs-
zahl und das Bruttoinlandsprodukt – eine auch nur annähernd so große internationale Solidarität geleistet
wie Kuba. Als 1991 die letzten kubanischen Truppen
aus Angola zurückkehrten, waren die sozialistischen
Länder Osteuropas bereits untergegangen und im Dezember 1991 brach die Sowjetunion zusammen. Neben den dadurch entstandenen existenziellen Proble-
men, trug Kuba – zu Beginn der Sonderperiode – auch
die hohen Kosten für den Rücktransport völlig allein.

**Sie haben den Untergang der sozialistischen Län-
der Europas, zu denen ja auch die DDR gehörte, an-
gesprochen. Konnten Sie den Erfahrungsaustausch
mit kubanischen Partnern danach weiter pflegen und
um welche Fragen ging es dabei vor allem?**

Unser Kontakt ist nicht abgebrochen. Seit 1998 hatte
Raúl Castro von Zeit zu Zeit seine ehemaligen Kampf-
gefährten aus der DDR nach Kuba eingeladen. Dazu
gehörten der frühere Verteidigungsminister Heinz
Keßler, der ehemalige Minister für Volksbildung
Margot Honecker, der frühere Chef der Grenztruppen

Klaus-Dieter Baumgarten und ich, der frühere Chef des Hauptstabes und Sekretär des NVR. Wir führten oft stundenlange Gespräche mit Raúl Castro und dessen – 2007 leider verstorbenen – Frau Vilma Espín[5]. Für uns war es nicht einfach, auf die vielen Fragen von Raúl, Vilma und anderer führender Genossen in Kuba zu antworten. Ich möchte hier nur einige dieser verständlichen und – aus meiner Sicht auch berechtigten – Fragen nennen. Insgesamt ging es immer wieder darum, warum und wie eine Entwicklung wie die in der DDR möglich gewesen war. Die kubanischen Genossen verstanden nicht, warum es im Politbüro keine einheitliche Position zur Lage in der DDR gegeben hatte. Sie wollten wissen, welche Rolle das Ministerium für Staatssicherheit (MfS) aber auch, welche Rolle Moskau und die Westgruppe der Truppen[6] gespielt hatten. Eine der Kernfragen lautete schließlich immer wieder, warum die 400.000 Mann starken bewaffneten Kräfte der DDR nicht zur Verteidigung des Sozialismus eingesetzt worden waren.

Unabhängig von vielen offenen Fragen haben die leitenden Kader in Kuba, nach unzähligen Diskussionen, aus unseren Fehlern in der DDR eine Reihe von Schlussfolgerungen gezogen, die ich in sechs Punkten zusammenfassen möchte:

1. Keine Überalterung in den Führungskadern der Partei und des Staatsapparates zulassen.

2. Klare Abgrenzung der Aufgaben des Partei- und Staatsapparates

3. Aktive politische und patriotische Aufklärungs- und Informationsarbeit in der Erziehung der Jugend und insbesondere der Studenten

4. Erziehung zur Verteidigung der Unabhängigkeit, Souveränität und der sozialistischen Verfassung Kubas

5. Offene Auseinandersetzung in den Massenmedien mit den Aktivitäten der vom Ausland zur Destabilisierung des Landes gesteuerten »Söldner«

6. Absolute Ehrlichkeit und Offenheit gegenüber der Bevölkerung in der Darstellung von Erfolgen aber auch in der öffentlichen Darstellung und Debatte über Misserfolge, Mängel und Fehler

Nach meinem Eindruck werden diese Schlussfolgerungen mittlerweile im kubanischen Alltag zunehmend in der Praxis umgesetzt.

Das alles sind politische Überlegungen. Bei Ihren Kenntnissen interessiert mich natürlich auch, ob und wenn ja, welche militärstrategischen Konsequenzen Kuba aus dem Zusammenbruch des sozialistischen Lagers gezogen hat. Was wissen Sie darüber?

Die größte militärische Bedrohung geht für Kuba von den USA aus. Die Regierung des sozialistischen Landes hat darauf immer sowohl politisch als auch militärisch reagiert. Aber der Zusammenbruch des sozialistischen Lagers und die Auflösung der Sowjetunion haben für Kuba eine neue militärstrategische Lage geschaffen. Obwohl das Land nicht Mitglied des Warschauer Vertrages war, bot das Gleichgewicht auch für Kuba einen gewissen Schutz. Jetzt war die sozialistische Insel in militärischen Fragen plötzlich auf sich allein gestellt. Die bisherige Verteidigungsdoktrin wurde zu Beginn der 1990er Jahre hinfällig.

Auf der Grundlage einer Anordnung des Comandante en Jefe, Fidel Castro, erarbeitete der Generalstab eine neue Verteidigungs- und Sicherheitsdoktrin, die als »Militärdoktrin des allgemeinen Volkskrieges« bezeichnet wurde. Deren wichtigste Eckpunkte lauten:

1. Das kubanische Territorium ist entschlossen und bis zum letzten Blutstropfen zu verteidigen.

2. Jeder Aggressor, der in Kuba anlandet, ob vom Meer oder aus der Luft, ist zu vernichten.

3. Bereits im Frieden muss jeder Kubaner auf seine Aufgabe im Verteidigungszustand vorbereitet werden.

4. Für einen lang anhaltenden Partisanenkampf sind in den Sümpfen und in den Bergen genügend Stützpunkte mit allen Vorräten anzulegen.

5. Für die gesamte Bevölkerung müssen in den Bergen Schutzräume und Deckungen vor Bomben- und Raketenangriffen eingerichtet werden.

Im Zuge der neuen Ausrichtung wurden die Streitkräfte drastisch reduziert, reorganisiert und auf den allgemeinen Volkskrieg ausgerichtet, das heißt, es erfolgte eine Umorientierung der Streitkräfte auf eine bewegliche Kriegsführung und den Partisanenkampf. Dazu wurde der größte Teil der Waffensysteme auf bewegliche Transportmittel installiert. In den Jahren nach Annahme der neuen Militärdoktrin wurde in 126 Verteidigungsregionen des Landes, jeder letzte Sonnabend im Monat als »Tag der Verteidigungsbereitschaft« begangen. Die kubanischen Militärexperten haben sich außerdem intensiv über die Erfahrungen der Vietnamesischen Volksarmee im Kampf gegen die US-Aggressoren informiert. Mit Vietnam und China pflegt Kuba heute zudem eine sehr enge militärische Zusammenarbeit und auch im Verhältnis zu Russland sind in letzter Zeit wieder Fortschritte zu verzeichnen.

Das Selbstverständnis der bewaffneten Organe, die in der Bevölkerung großes Ansehen genießen, ist übrigens seit über fünfzig Jahren durch Verhaltensregeln geprägt, die Fidel Castro bereits für die Guerilleros in den Bergen und nach dem Sieg der Revolution für alle Angehörigen der Volksarmee verbindlich festgelegt hat. Sie lauten:

• Gehe nie an einem Einwohner vorbei, ohne ihn zu grüßen.

• Nimm ihm auf keinen Fall seine Jagdwaffe ab.

• Trink oder iss nie in seinem Haus, ohne zu bezahlen.

• Lass dich in gar keinem Fall mit seiner Frau ein. (Vergewaltigung wurde früher mit dem Tode bestraft.)

Mit dem Sieg der Revolution begann zum ersten Mal in der Geschichte Kubas eine Etappe, in der die uniformierten Vertreter von Armee und Polizei der Bevölkerung nicht mehr als Unterdrücker, sondern als Teil des Volkes begegneten.

Viele Medien in der Bundesrepublik berichten gern ausführlich über jede Äußerung und jede Aktion von sogenannten Dissidenten in Kuba. Sie, Herr Streletz, bezeichnen diese Leute dagegen als Söldner. Warum?

Söldner sind laut Definition Leute, die für Geld in einem fremden Heer dienen. Und genau das machen fast alle diejenigen, die von hiesigen Medien und Politikern als »Oppositionelle« in Kuba hofiert werden. Es gibt in Kuba Menschen, die mit dem System oder einzelnen

Heinz Keßler und Fritz Streletz bei der
Kartenbetrachtung mit Raúl Castro

politischen Entscheidungen nicht einverstanden sind
und das heute auch ungeschminkt sagen, ohne dafür
Probleme zu bekommen. Nirgendwo wird so lebhaft
und engagiert gestritten und diskutiert, wie in Kuba.
Die dortigen Medien berichten mittlerweile offen
über Missstände. Wenn sich in Kuba ein Politiker oder
Funktionär als korrupt erweist, wird er zur Rechen-
schaft gezogen und nicht wie bei uns in Europa üblich
auf einen höheren Posten gelobt. Daneben gibt es aber
Leute, die von US-Geheimdiensten, von militanten
und oft terroristischen exilkubanischen Contragruppen, von angeblichen NGOs oder auch von den Stiftungen ausländischer Parteien Geld bekommen, um in
Kuba subversive Tätigkeiten zu erledigen. Es ist sach-
lich falsch und eine Verharmlosung, wenn diese Akti-

visten hier Dissidenten, also Abweichler, genannt werden. Was sie tun und treiben machen sie aus dem Streben nach persönlichem Gewinn. Und das Geld erhalten sie von sehr mächtigen Gegnern Kubas, deren Ziel es ist, die sozialistische Gesellschaftsordnung zu beseitigen. Deshalb sage ich es, wie es ist: Wer sich so verhält und so etwas macht, ist ein Söldner.

Als der erfahrene Navigator Christoph Kolumbus im Oktober 1492 zum ersten Mal Kuba ansteuerte, bezeichnete er die Insel wegen ihrer zentralen Lage zwischen dem atlantischen Ozean und dem karibischen Meer als »Schlüssel zur Neuen Welt«. Gut 300 Jahre später sagte US-Präsident Thomas Jefferson[7] über die zu diesem Zeitpunkt noch Spanien gehörende Kolonie: »Wenn wir Kuba besitzen, sind wir die Herren der Karibik.« Was ist an Kuba aus militärischer Sicht so interessant?

Ich weiß natürlich nicht, welche Gedanken Kolumbus und Jefferson hatten. Doch allein ihre geografische Lage macht die Insel sowohl für die Handelswege als auch aus militärischer Sicht zu etwas Besonderem. Kuba liegt etwa auf halber Strecke zwischen den USA und Mexiko, hat sowohl an seiner Nord- wie an seiner Südküste gut geschützte Buchten mit ausreichenden Wassertiefen und damit natürliche Häfen. Die Insel ist ein idealer Knotenpunkt für den Seeverkehr zwischen Amerika, Europa und Afrika. Die Spanier haben von hier aus ganz Mittel- und Südamerika erobert und für die USA war Kuba später ja nicht nur die Vergnügungsinsel der oberen Zehntausend, ihr Bordell und ein Paradies der Mafiosi, sondern auch ein wichtiger Militärstützpunkt, der ihnen dabei half, die Region als ihren Hinterhof zu beherrschen.

Nach ihrem Sieg im spanisch-amerikanischen Krieg[8], in dem es sowohl um die Kontrolle der Region als auch um den Zugang zu den asiatischen Märkten ging, wurde Kuba von den USA besetzt. Lenin schrieb[9], dies sei der »erste Krieg der Imperialisten für die Umverteilung der bereits verteilten Welt« gewesen. Im Februar 1903 setzten sich die US-Militärs in der Bucht von Guantánamo fest. Neun Monate später besetzten US-Truppen die damals noch zu Kolumbien gehörende Provinz Panama und erklärten sie zu einem unabhängigen Staat. 1914 wurde dort dann der Verbindungskanal zwischen dem atlantischen und dem pazifischen Ozean eröffnet, der bis heute unter Washingtons militärischer Kontrolle steht. Welche strategische Bedeutung hatten und haben die Militärbasis und der Kanal für die USA?

Das knüpft an meine Antwort auf Ihre vorangegangene Frage an. Zunächst war die Bucht von Guantánamo für das US-Militär als Bunkerstation und Nachschubbasis für die Kriegsschiffe interessant.[10] Da die USA sich ab etwa 1900 zunehmend wirtschaftlich und militärisch in der Region engagierten, war die Militärbasis aber auch deshalb wichtig, weil sie Wege verkürzte. US-Kriegsschiffe konnten alle Einsatzorte in Latein- und Südamerika schneller erreichen. Der Stützpunkt verfügt über einen Hafen mit Ankerplätzen für 42 Kriegsschiffe, einen Flugplatz und großzügige

Kasernenanlagen. Mit Ausweitung der wirtschaftlichen
und militärischen Präsenz der USA und ihren Ambitionen, den Machtbereich bis nach Asien auszudehnen, lag eine Verkürzung der Wege auch dorthin im strategischen Interesse. Der Verbindungskanal in Panama erfüllt diesen Zweck, spart Treibstoff und Zeit. Ein entscheidender militärischer Aspekt ist natürlich auch der, dass der Panama-Kanal bis heute faktisch der Kontrolle durch die USA untersteht. Das ist für diese ein nicht zu unterschätzender Vorteil.

Bis 2019 soll in Nicaragua ein neuer Verbindungskanal zwischen den Ozeanen fertig gestellt und 2020 eröffnet werden. Er wird doppelt so tief und erheblich breiter als der Panamakanal sein. Bauherr ist ein chinesisches Konsortium, Russland hat dem Projekt militärischen Schutz zugesagt. Welche Überlegungen muss das Ihrer Erfahrung nach bei den Strategen im Pentagon auslösen?

Das ist aus deren Sicht mit Sicherheit ein besorgniserregendes Szenario, auf das sie sich einstellen müssen. Mit Fertigstellung des neuen Kanals verlieren die USA endgültig ihre Herrschaft über die Verbindungswege zwischen den beiden Ozeanen. Für die Betreiber und Nutzer bringt er zunächst wirtschaftliche Vorteile: Die großen Containerschiffe aus Asien zum Beispiel können die Häfen in Brasilien, Venezuela, Argentinien und Uruguay sowie die der US-amerikanischen und kanadischen Ostküste schneller erreichen. Das gleiche gilt aber natürlich auch für die Seestreitkräfte, etwa aus China und Russland, die damit gegenüber der bisherigen Situation große Vorteile erlangen. Ich weiß natürlich nicht, welche konkreten Schlussfolgerungen das Pentagon zieht und welche Maßnahmen es ergreifen wird. Aber dass sie sich auf diese veränderte Situation auch militärisch einstellen, ist doch selbstverständlich.

Hinzu kommt, dass im Januar 2014 in der westlich von Havanna gelegenen Bucht von Mariel der mit brasilianischer Hilfe gebaute größte Tiefwasserhafen der Karibik eröffnet wurde. Er soll zum Drehkreuz für die wachsenden Handelsströme zwischen Asien, Amerika und Europa werden. Gerät Kuba damit nicht automatisch auch wieder stärker in den Fokus der US-Militärs?

Soweit mir bekannt, gibt es für den Ausbau den Hafens in der Bucht von Mariel vor allem wirtschaftliche Gründe. Wenn die Containerschiffe der jüngsten Generation in einigen Jahren durch den neuen Nicaragua-Kanal fahren können, finden sie in Mariel einen Hafen mit ausreichend tiefem Wasser und entsprechenden Anlagen zum Umschlag vor. Damit wird Mariel tatsächlich zum Drehkreuz und Kuba wird für den maritimen Verkehr zu einer der wichtigsten Anlaufstellen auf dem amerikanischen Kontinent. Bemerkenswert ist, dass an den beiden großen Projekten in Nicaragua und Kuba drei der fünf BRICS-Staaten, nämlich Brasilien, Russland und China beteiligt sind. Da die USA weder den Kanal in Nicaragua noch Kubas Häfen kontrollieren können, ist das für sie auch aus militärischer Sicht eine Veränderung, die ihre Vorherrschaft in der Region zusätzlich gefährdet.

Havanna und Moskau haben die Einrichtung von Bodenstationen für das russische globale Satellitennavigationssystem GLONASS auf Kuba vereinbart. Auch in Brasilien und Nicaragua werden GLONASS-Stationen aufgebaut. China ist ebenfalls am Bau von Bodenstationen für sein System Beidou interessiert. Beidou soll 2020 in Betrieb gehen und präziser als das vom US-Militär geführte Ortungssystem GPS sein. Ist das nur eine wirtschaftliche Konkurrenz oder hat es auch strategische Konsequenzen?

Auch hier gilt wieder beides. Zunächst ist mit den Satellitennavigationssystemen, durch den Einsatz in Schiffen, Autos aber auch in Millionen Smartphones ein riesiges Geschäft verbunden. Die russischen und chinesischen Systeme werden mit dem Ausbau in Latein- und Südamerika für die USA, die bisher eine Monopolstellung hatten, nun auch vor der eigenen Haustür zur Konkurrenz. Das GPS-System der USA wurde, wie Sie sagten, unter Führung des US-Militärs entwickelt und wird von ihm kontrolliert. Es kann zum Beispiel vom US-Militär so manipuliert werden, dass eine korrekte Ortung und Orientierung für andere Nutzer nicht mehr möglich ist. Das wurde vor militärischen Aktionen auch schon mehrfach praktiziert. Durch die Etablierung chinesischer und russischer Navigationssysteme verliert das US-Militär in diesem Bereich einen großen Teil seiner bisherigen Möglichkeiten.

Brasilien, Russland und China bilden mit Indien und Südafrika die so genannten BRICS-Staaten, die ihre Position in Lateinamerika und Kuba in den letzten

Jahren systematisch ausgebaut haben. Im Juli 2015 trafen in der russischen Stadt Ufa die Staatschefs der fünf BRICS-Länder und kurz darauf die der Shanghaier Organisation für Zusammenarbeit (SOZ) zusammen, zu der neben Russland und China auch Kasachstan, Usbekistan, Kirgisistan, Tadschikistan, Indien und Pakistan als Mitglieder sowie Afghanistan, der Iran, die Mongolei und Weißrussland als Beobachter gehören. Russlands Präsident Wladimir Putin machte in Ufa den Vorschlag, dass BRICS, SOZ und die Länder der ebenfalls dort tagenden Eurasischen Wirtschaftsunion (EAWU) ihre Ressourcen zusammenlegen. Alle diese Bündnisse verfolgen das Ziel einer multipolaren Weltordnung und stehen im Konflikt zu den Hegemonieansprüchen der USA. Da die meisten SOZ-Staaten auch Mitglieder der Organisation des Vertrags über kollektive Sicherheit (OVKS), eines von Russland geführten internationalen Militärbündnisses, sind, bezeichnen einige US-Strategen die neuen Allianzen als Gegengewicht zur NATO. Werden sie damit nicht auch zu Gegnern erklärt?

Aus der Logik der westlichen Militärs ist es in der Tat so, dass die NATO jedes Gegengewicht zu ihr als Bedrohung ansieht. Die USA und die EU vertreten das Modell einer unipolaren Welt mit der einzigen Weltmacht USA an der Spitze. Die NATO soll den Bestand und die Sicherheit der unipolaren Welt militärisch garantieren. Doch hinter ihrer Frage steckt ja noch eine andere, nämlich die nach den möglichen großen Konflikten der Zukunft. Viele Experten befürchten eine Konfrontation zwischen den USA auf der einen sowie

Im Arbeitszimmer von Raúl Castro

China und Russland auf der anderen Seite. Kuba spielt dabei nur indirekt eine Rolle, weil es eine Schlüsselposition für die Beziehungen zu den anderen Ländern Lateinamerikas und der Karibik hat. Ihre guten Beziehungen zu Kuba haben den BRICS-Ländern in Lateinamerika sehr geholfen, während die USA sich mit der Blockade und anderen Attacken auf Kuba immer weiter isoliert haben. Kuba und die meisten anderen Länder Latein- und Südamerikas setzen sich für eine multipolare Weltordnung ein, werden damit zu Verbündeten von China und Russland und zu potentiellen Gegenspielern der NATO.

Am 1. Juli 2015 hat das US-Militär seinen ersten Strategiebericht seit vier Jahren veröffentlicht, in dem neben Iran und der Demokratischen Volksrepublik Korea auch Russland und China als »Bedrohung für die nationalen Sicherheitsinteressen« eingestuft werden. Generalstabschef Martin Dempsey sprach von einer »geringen aber wachsenden« Wahrscheinlichkeit, dass die USA einen Krieg mit einer Großmacht führen. Ein solcher Konflikt, wird Dempsey zitiert, hätte »immense« Auswirkungen. Welche militärstrategischen Schlussfolgerungen ergeben sich aus den engen Verbindungen progressiver Regierungen in Lateinamerika zu Russland und China?

In meiner Antwort auf Ihre vorige Frage habe ich schon darauf hingewiesen, dass die progressiven Regierungen Lateinamerikas von den USA und der NATO als Gegner betrachtet werden. Vor dem von Ihnen beschriebenem Hintergrund wird deutlich, dass es bei dem Engagement Washingtons gegen die linken Regierungen Lateinamerikas um sehr viel mehr geht, als nur darum, welche Kräfte ein Land regieren. Wenn die USA von der wachsenden Wahrscheinlichkeit eines Krieges mit einer Großmacht sprechen, dann geht es auch darum, deren potentielle Verbündete auszuschalten. Dazu gibt es verschiedene Möglichkeiten. Wenn es nicht gelingt, ein Land durch einen Regimewechsel ins eigene Lager hinüberzuziehen, reicht es eventuell schon aus, ihm durch Sabotage, Gewalt, Bürgerkrieg und Zerstörung seiner Wirtschaft so viele Schwierigkeiten zu bereiten, dass es als Verbündeter des Gegners bedeutungslos wird. Das ist das, was zur Zeit auch in vielen Ländern Lateinamerikas mit linken Regierungen vor sich geht. Washington versucht nach wie vor und mit allen Mitteln, in möglichst jedem Land Lateinamerikas US-freundliche Regime zu installieren oder – wo dies nicht gelingt – die US-kritischen zumindest zu neutralisieren. Aber dabei geht es immer auch um die großen strategischen Linien, nämlich um die Vorbereitung auf eventuelle kriegerische Auseinandersetzungen mit einer Großmacht.

Nach Angaben der Organisation Erdöl exportierender Länder (OPEC) verfügt Venezuela über die größten Ölreserven auf der Welt. In Bolivien gibt es die weltgrößten Lithiumvorkommen und Kuba hat nach Australien die größten Nickelvorräte. Welche Rolle spielt der Zugang zu diesen Ressourcen für militärische Überlegungen der USA?

Sie sprechen einen weiteren wichtigen Punkt an. Bei den imperialistischen Kriegen der letzten Jahrzehnte ging es entweder um eine Veränderung der geostrategischen Positionen oder um Rohstoffe, meistens aber um beides. In den genannten Ländern wurden Bodenschätze, also Rohstoffe, nationalisiert. Der Zugriff auf Rohstoffe war eine der Triebkräfte für die Kriege im Irak und in Libyen. Daran sind vor allem mächtige multinationale Konzerne interessiert. Aber daneben hat auch der industriell-militärische Komplex der USA selbst ein großes Interesse an den Rohstoffen Lateinamerikas. Erdöl, Lithium und Nickel sind als Energieträger, zur Produktion von Akkus und Batterien und zur Stahlherstellung unverzichtbar, wertvoll und begehrt.

Während Washington politisch und wirtschaftlich bereits erheblich an Einfluss in seinem früheren Hinterhof verloren hat, scheint es die Region militärisch

aber noch immer zu dominieren. Südamerika, Latein-amerika und die Karibik sind mit über 70 US-Mi-litärbasen gespickt. Muss das Pentagon da überhaupt ernsthaft den Verlust seiner Vorherrschaft befürchten?

Die USA haben den mit Abstand größten Militärhaus-halt der Welt, dessen Jahresetat bei über 600 Milliarden Dollar liegt, das sind mehr als 537 Milliarden Euro. Je-den Tag geben die USA also 1,5 Milliarden Euro für ihr Militär aus. Sie unterhalten rund 700 Militärstütz-punkte und Basen in annähernd 40 Ländern der Welt. Nach eigenen Angaben befinden sich 95 Prozent aller in anderen Ländern betriebenen Militärstützpunkte in US-amerikanischen Händen. Wie das schwedische SIPRI-Institut auflistet, liegen die USA auch beim in-ternationalen Waffenhandel – mit einem Anteil von 30,3 Prozent am Weltmarkt – seit Jahren unangefoch-ten auf dem ersten Platz. Sowohl über die Stützpunkt-verträge als auch über Waffenlieferungen und der da-mit verbundenen Ausbildung von Personal wird auf die betreffenden Länder politischer, militärischer und ökonomischer Einfluss genommen. Die US-Strategen gehen davon aus, dass Russland zur Zeit keine Gefahr mehr darstellt und dass ihre Aufmerksamkeit künftig vor allem China, dem ostasiatischen, bzw. pazifischen Raum und der arabischen Welt gelten müsse. In der Tat ist die militärische Präsenz der USA aber auch in Mittel- und Südamerika erdrückend. Durch Drohnen-einsätze, Spionageflüge und Satellitenüberwachung kontrollieren sie außerdem auch solche Länder der Region, in denen sie keine Militärbasen haben. Aller-dings gehen die meisten Länder Lateinamerikas, trotz des Drohpotentials und der militärischen Überlegenheit der USA, heute einen anderen Weg als Washington lieb ist. Das liegt nicht an militärischen Erfolgen linker Bewegungen, sondern daran, dass deren Argumente immer mehr Menschen in der Region überzeugen. Und wie wir schon an einigen Beispielen gesehen haben, verlieren die USA – trotz ihrer Aufrüstung – auch strategisch in der Region an Boden. Das macht die Situation allerdings auch gefährlich.

Am 1. Juli 2008, ein halbes Jahr vor Ende seiner Amtszeit, hat US-Präsident George W. Bush die 60 Jahre zuvor bereits ausgemusterte 4. Flotte der US-Navy wieder in Dienst gestellt. Einsatzgebiet dieses Flottenverbandes sind die Karibik, sowie Zentral- und Südamerika. Die Flotte des Südkommandos der US-Streitkräfte (Southern Command) wurde der 4. Flotte unterstellt. Aus welchen strategischen Überlegungen erfolgte ihrer Einschätzung nach die Reaktivierung der 4. Flotte?

Wie ich schon sagte, verlieren die USA mit dem Nicaragua-Kanal und dem Hafen von Mariel ihre Hoheit über die Seewege. Die Reaktivierung der 4. Flotte hat damit sicher etwas zu tun. Es geht um Kontrolle, um die Sicherung von Handels- und Nachschubwegen und natürlich um die Rückgewinnung der militärischen Vorherrschaft. Argentinische Politiker sind über Erklärungen von US-Militärs sehr beunruhigt, nach denen die Einheiten der 4. Flotte »mehr in braunem als in unserem traditionellen blauen Wasser«, also mehr in Flüssen als im offenen Meer, operieren sollen.

Das US-Soldatenblatt »Navy Times« wies dazu auf das »enorme System von Flüssen in Südamerika« hin. Es geht also vermutlich auch um Einsätze und eine umfangreiche militärische Kontrolle im inneren Lateinamerikas.

Anfang Mai 2015 stationierte das Südkommando der US-Streitkräfte 280 Marines in Honduras, Guatemala, El Salvador und Belize. Über ihren Auftrag hieß es lediglich, die Sondereinheiten würden sich in der Region auf maritime Operationen und Einsätze auf Flüssen und Binnengewässern vorbereiten und das Vorgehen in »kleinen Einheiten« trainieren. Das Marine Corps war bekanntermaßen bei allen Invasionen, inszenierten Putschen und Kriegen der USA als Speerspitze[11] beteiligt. Wie können die progressiven Länder Lateinamerikas sich vor der militärischen Bedrohung durch die USA schützen?

Die stärkste Waffe, das zeigt Kubas Beispiel, ist die Mobilisierung der Bevölkerung. In Kuba ist es der Staatsführung – sowohl unter Fidel als auch unter Raúl Castro – bisher immer gelungen, große Teile der Bevölkerung zu mobilisieren und damit jeden Angriff der USA und der Konterrevolution abzuwehren. Die progressiven Regierungen in Venezuela, Bolivien, Ecuador, Nicaragua und anderen Ländern versuchen dies ebenfalls und haben damit in der Vergangenheit – wie etwa bei dem von Rechten und US-Diensten organisierten aber gescheiterten Putsch gegen Präsident Hugo Chávez[12] im Jahr 2002 – auch gute Erfahrungen gemacht. Allerdings ist die Situation unter den

Bedingungen der anhaltenden, massiven und international koordinierten Desinformations- und Destabilisierungskampagnen schwierig. Die öffentliche Meinung in diesen Ländern wird zum Beispiel überwiegend noch von privaten Medienkonzernen beeinflusst, die in Händen der rechten Oligarchien sind. Zur Verteidigung der Errungenschaften progressiver Regierungen ist natürlich auch eine funktionierende gute Aufklärungsarbeit und Abwehr notwendig. Zu diesen Fragen sollten Sie aber jemanden befragen, der sich in dieser Thematik besser auskennt als ich.

Die koordinierten kriegerischen Aktionen imperialistischer Länder, multinationaler Konzerne und regionaler Oligarchien haben im Mittelmeerraum, in Nordafrika und im Nahen Osten Flüchtlingsbewegungen in bisher ungekannter Dimension und eine gewaltige humanitäre Krise ausgelöst, die sich mittlerweile auf ganz Europa auswirkt. Bisher haben die USA einen Krieg unmittelbar vor der eigenen Haustür – wohl auch um nicht eine vergleichbare Situation in der eigenen Hemisphäre zu provozieren – vermieden. Macht ein derartig gewaltiger militärischer Aufmarsch, wie der der USA in Lateinamerika, auch dann einen Sinn, wenn man keinen heißen Krieg führen will?

Die USA haben nach eigener Sichtweise bisher drei Weltkriege gewonnen. Als Ergebnis des Ersten Weltkrieges agierten die USA auf der Weltbühne als »Großmacht«. Nach dem Zweiten Weltkrieg wurden sie zur »Supermacht« an der Spitze der NATO. Und im Ergebnis des Dritten Weltkrieges, so wird der »Kalte Krieg«

in den USA zunehmend bezeichnet, triumphieren sie als einzig übrig gebliebene »Supermacht« und verstehen sich als »Weltführungsmacht«. Da es derzeit keine Kraft auf der Welt gibt, die ihrer Politik Einhalt gebieten könnte, stellt sich die US-Administration zunehmend auch über die Entscheidungen der UNO und des Weltsicherheitsrates. Das ganze System der USA beruht politisch und militärisch auf der Demonstration von Stärke und Überlegenheit. US-Militärs würden Ihnen vermutlich antworten, dass sie mit ihrer militärischen Präsenz die Eskalation von Konflikten vermeiden wollen. Die Erfahrungen der letzten Jahre beweisen jedoch das Gegenteil. Wo die USA ihre militärische Präsenz ausweiten, ob in Afghanistan oder Irak, hat das nirgendwo zur Deeskalation von Konflikten geführt, sondern sie erst geschaffen oder verschärft. Einer Analyse des Heidelberger Instituts für Konfliktforschung zufolge gab es im Jahr 2014 insgesamt 424 politische Konflikte, von denen zahlreiche mit extremer Gewalt verbunden waren. Gezählt wurden 21 Kriege und 25 begrenzte Kriege sowie 177 gewaltsame Krisen. Die meisten Kriege finden südlich der Sahara, im Nahen Osten und in Nordafrika statt. Wie wir wissen beteiligen sich die USA – direkt oder indirekt – an allen diesen Auseinandersetzungen, um weltweit ihre Globalstrategie durchzusetzen. Oft wird der Auf- und Ausbau von militärischen Strukturen auch mit dem Kampf gegen Drogen- oder Menschenhandel oder dem »Krieg gegen den Terror« begründet. Wenn einer Anhäufung von US-Militäreinrichtungen, wie wir dies derzeit in Lateinamerika beobachten, kein Gegenpol gegenübersteht, der für ein Gleichgewicht sorgen könnte, ist es immer gefährlich.

Auch wenn dies Anfangs nicht beabsichtigt ist, kann aus einem Konflikt um Ressourcen oder wenn eine Regierung sich gegen einen von außen herbeigeführten Regime Change wehrt, doch schnell eine kriegerische Auseinandersetzung werden. Sind Vorgehensweisen wie im Irak, in Libyen oder Syrien auch in Lateinamerika denkbar?

Eine hypothetische Frage, aber die Gefahr ist zumindest nicht völlig auszuschließen. Die USA und ihre Gefolgsleute in den Ländern Lateinamerikas propagieren ja ganz offen das Konzept des »arabischen Frühlings«, sowohl für Kuba als auch für andere Länder der Region. Und das Drehbuch solcher »sanften Revolutionen« sieht auch militärische Optionen vor. Das verläuft dann etwa nach dem Muster, dass eine innenpolitische Situation zugespitzt und eine pro-westliche Gegenregierung gebildet wird, die die USA und andere westliche Länder dann sofort anerkennen. Wenn diese Regierung dann um militärischen Schutz bittet, ist die erwünschte Situation da. So etwas schließe ich auch für Lateinamerika grundsätzlich nicht aus.

In Kolumbien unterhalten die USA insgesamt neun Militärbasen. Im Juni 2013 unterschrieb die rechtskonservative Regierung eine »Vereinbarung zur Zusammenarbeit und Verteidigung« mit der NATO. Der damalige Oberkommandierende des Allied Command Transformation[13], General Jean-Paul Paloméros, unterstrich dabei, dass die NATO bei ihren Einsätzen in Afghanistan und Libyen erfahren habe, wie wichtig solche Partnerschaften seien. Ist diese Vereinbarung nicht ein erster Schritt, um europäische NATO-Mitglieder, also auch die BRD, in eventuelle militärische Auseinandersetzungen in Lateinamerika hineinzuziehen?

Der Hinweis auf Afghanistan und Libyen zeigt doch bereits, was zumindest in den Gehirnen einiger Akteure vor sich geht. 2004 sagte der BRD-Verteidigungsminister Peter Struck, übrigens ein SPD-Mann: »Unsere Sicherheit wird nicht nur, aber auch am Hindukusch verteidigt.« Das sollten wir nicht vergessen. Den Vertrag Kolumbiens mit der NATO halte ich für einen gefährlichen Schritt zur Militarisierung Lateinamerikas. Die BRD hat sich, seit die rot-grüne Bundesregierung 1999 den NATO-Angriff und die Bombardierungen Jugoslawiens unterstützte, an zahlreichen Aggressionen nicht nur innerhalb Europas beteiligt und war dabei oft eine treibende Kraft. Welche Konsequenzen das auch für das eigene Land hat, erleben wir mit der wachsenden Zahl von Flüchtlingen aus den zerstörten Ländern.

Ich möchte jetzt einen anderen Vorgang ansprechen: Sie haben sich im Mai 2015, zum 70. Jahrestag der Befreiung vom Faschismus, gemeinsam mit etwa 100 weiteren ehemaligen Generälen und anderen Offizieren der Nationalen Volksarmee der DDR mit dem Appell »Soldaten für den Frieden« an die Öffentlichkeit gewandt. In dem Aufruf heißt es unter anderem: »Die forcierte Militarisierung Osteuropas ist kein Spiel mit dem Feuer – es ist ein Spiel mit dem Krieg!« Was hat Sie zu diesem außergewöhnlichen Schritt veranlasst?

1. Mai 2011 in Havanna: Raúl Castro mit Heinz Keßler
und Fritz Streletz (im Hintergrund: Margot Honecker)

Alle Erstunterzeichner dieses Aufrufs waren als Militärs
in der DDR in verantwortungsvollen Funktionen tätig. Wir wissen also, wovon wir reden. Die Nationale
Volksarmee der DDR war keinen einzigen Tag an kriegerischen Auseinandersetzungen beteiligt. Wir haben
unser militärisches Wissen und Können immer für die
Erhaltung des Friedens eingesetzt. Jetzt müssen wir in
der BRD erleben, dass der militärische Faktor zum bestimmenden Instrument der Politik wird und der Krieg
wieder zu einem ständigen Begleiter der Menschen geworden ist. Die von den USA und ihren Verbündeten
angestrebte Neuordnung der Welt hat in den letzten
Jahren zu Kriegen in Jugoslawien, Afghanistan, im Irak,

Jemen und Sudan, in Libyen und Somalia geführt. Fast zwei Millionen Menschen wurden Opfer dieser Kriege und Millionen sind auf der Flucht. Aber die brennenden Fragen unserer Zeit sind mit militärischen Mitteln nicht zu lösen. Das ist, kurz dargestellt, die Situation wie wir sie sehen und die den Hintergrund für unseren Aufruf bildet. Konkret sahen wir uns veranlasst zu handeln, weil wir zum 70. Jahrestag der Befreiung vom Faschismus feststellen mussten, dass die Kriegsgefahr wieder Europa erreicht hat. Die Strategie der USA zielt offensichtlich darauf ab, Russland als Konkurrenten auszuschalten. Die NATO rückt immer näher an die Grenzen Russlands heran und mit dem Versuch, die Ukraine in die EU und die NATO aufzunehmen, soll der Ring um Russland von den baltischen Staaten bis zum Schwarzen Meer geschlossen werden. Die forcierte Militarisierung Osteuropas ist, wie wir in unserem Aufruf geschrieben haben, kein Spiel mit dem Feuer, sondern ein Spiel mit dem Krieg. Dieser Aufruf hat im In- und Ausland eine gewaltige Resonanz gefunden.

Dieser Aufruf bezieht sich verständlicherweise in erster Linie auf Europa. Würden Sie ihre Warnung vor der Gefahr, dass Konflikte ausufern und außer Kontrolle geraten können, auch für Lateinamerika und die Karibik aussprechen?

Im Moment ist die Kriegsgefahr in Europa meiner Wahrnehmung nach bedrohlicher als in Lateinamerika. Denn bei einer großen militärischen Auseinandersetzung in Europa würde von dem dichtbesiedelten Kontinent nichts mehr übrig bleiben. Generell ist aber, da haben Sie recht, jede militärische Option immer mit der Gefahr verbunden, außer Kontrolle zu geraten.

Deshalb sind die Befürchtungen in Lateinamerika und der Karibik – angesichts der systematischen Militarisierung der Region durch die USA – ebenfalls sehr berechtigt. Wenn die USA mit militärischen Drohgebärden versuchen, die souveränen Entscheidungen lateinamerikanischer Länder über die Fragen, welche Gesellschaftsordnung sie wollen, wer ihre Wirtschafts- und Bündnispartner sind oder wie ihrer Ressourcen verwendet werden sollen, in ihrem Sinne zu beeinflussen, kann so ein Konflikt immer eskalieren. Lateinamerika will verständlicherweise nie mehr der Hinterhof der USA sein und entwirft Alternativen zur neoliberalen Weltordnung. Mit der enger werdenden Verbindung vieler Länder Mittel- und Südamerikas zu Russland und China wächst für Lateinamerika jedoch die Gefahr, nicht nur zum Ziel von Interventions-, sondern auch von Kriegsplänen der USA zu werden.

Im Januar 2014 haben die 33 Mitgliedsländer der Lateinamerikanischen und Karibischen Staatengemeinschaft CELAC[14] die Region auf Vorschlag Kubas zu einer »Zone des Friedens« erklärt. Zum Abschluss ihres Gipfels in Havanna verabschiedeten die Teilnehmer dazu einstimmig ein Acht-Punkte-Papier mit dem Ziel, kriegerische Auseinandersetzungen zwischen den Ländern in der Region zu verhindern. Unter anderem wurde vereinbart, Meinungsverschiedenheiten und Konflikte ausschließlich durch Gespräche und Verhandlungen beizulegen und gleichzeitig jede

Anwendung oder Androhung von Gewalt, sowie militärische und politische Interventionen von außen zu ächten. Das klingt gut, aber Papier ist geduldig. Welche Bedeutung hat diese Erklärung Ihrer Meinung nach?

Ich will nicht spekulieren, aber die Erklärung entspringt vermutlich ähnlichen Überlegungen, wie ich sie Ihnen in der vorigen Antwort dargestellt habe. Im August 2014 hat José Ramón Balaguer, der Chef der Abteilung für Auswärtige Angelegenheiten beim ZK der Kommunistischen Partei Kubas, vor den Methoden und Zielen eines nichtkonventionellen Krieges der USA gegen Länder gewarnt, die von Washington als Feinde bezeichnet werden. Balaguer sagte, dies sei Teil der Gegenoffensive der USA und der politischen Rechten Lateinamerikas, die mit radikalisierenden und destabilisierenden Aktionen versuchten, in einer Reihe von Ländern Regimewechsel herbeizuführen. Da Washington versuche, seine Beteiligung und seine führende Rolle an derartigen Aktivitäten zu verschleiern, seien diese Teil einer verdeckten Kriegsführung der USA. Ein wirksames Gegenmittel, dem zu begegnen, sind nach Balaguers Ansicht die regionalen politischen Integrationsprozesse, die durch Bündnisse wie ALBA und CELAC befördert werden. Die politische Stärke der progressiven Kräfte hänge von der Einheit innerhalb der politischen Organisationen, der Bindung zwischen politischer Führung und Bevölkerung und dem Bewusstsein über Gefahren und Risiken ab. In diesem Zusammenhang ist die einstimmige Erklärung der CELAC-Teilnehmer vom Januar 2014 schon ein wichtiger Schritt. Das Papier allein bewirkt sicher nichts, aber es ist ein Dokument der Einheit aller Staaten Latein- und Südamerikas sowie der Karibik, das jede Einmischung in innere Angelegenheiten ächtet. Es betont zudem, dass sich verdeckte oder offen interventionistische Aktionen der USA nicht nur gegen einzelne Länder, sondern gegen die Gemeinschaft aller Staaten der Region richten.

Zum Abschluss wieder ein Sprung. Wenn Sie jetzt nach Kuba reisen. Wie erleben Sie das Land heute?

Ich erlebe zunächst einmal ein Land mit aufgeschlossenen, intelligenten, hoch gebildeten und lebensbejahenden Menschen. Ein Land, in dem die Gesellschaft sich solidarisch um ihre schwächeren Mitglieder kümmert, wo Kinder nicht auf Müllhalden vegetieren, Klebstoff schnüffeln und von der Polizei gejagt werden, sondern gut versorgt in den Kindergarten und in die Schule gehen. Ich erlebe, dass Bürger mit schwarzer Hautfarbe hohe Posten bekleiden, an der Universität studieren und keine Angst haben müssen, von der Polizei geschlagen, eingesperrt oder gar auf der Straße erschossen zu werden. Ein Land, in dem Menschen dazu erzogen werden, Respekt vor der Würde der anderen zu haben, unabhängig davon, wie groß deren Bankguthaben ist. Ein Land, in der die ganze Bevölkerung am sozialen und kulturellen Leben teilnehmen kann und nicht von marodierenden Banden und Drogengangs terrorisiert wird. Ein Land, in dem Bildungs- und Gesundheitseinrichtungen sowie Wohnraum nicht Spekulanten, sondern dem Volk gehören. Ich erlebe ein Land, das

seit fast 60 Jahren – trotz Blockade und Terroranschlägen – beweist, dass das Modell des Sozialismus funk-
tionieren kann und dies für die Mehrheit der Bevölkerung, deren soziale Menschenrechte hier besser ver-
wirklicht sind als in Europa und den USA, von Vorteil ist.

**Sie haben in Ihrem bisherigen Leben viel Verantwor-
tung getragen, Erfolge und Niederlagen erlebt und
reiche Erfahrungen gesammelt. Welche Chancen und
Risiken sehen Sie für Kubas Zukunft?**

Während meines letzten Aufenthalts im April 2015
habe ich in zahlreichen Gesprächen gespürt, dass eine
Normalisierung der Beziehungen zu den USA insgesamt begrüßt wird. Die Kubaner wollen mit allen Ländern der Region, einschließlich der Vereinigten Staaten, in Frieden und guter Nachbarschaft leben.
Normale Beziehungen sind aber nur möglich, wenn
die Blockade fällt, das illegal besetzte Gebiet in der
Bucht von Guantánamo zurückgegeben und die USA
für die Milliarden-Dollar-Schäden aufkommen, die
die Blockade auf der Insel angerichtet hat. Zudem verlangt Kuba zu Recht die Einstellung der subversiven
Aktionen, mit denen die USA und ihre Helfer einen
Systemwechsel herbeiführen wollen. Wenn ein Land
die verfassungsmäßige Ordnung eines anderen Landes nicht respektiert, Söldner anheuert und diese dafür bezahlt, die Verfassung zu beseitigen, ist das wirklich nicht normal. Diese Art des Vorgehens zeigt aber
auch eine Schwäche des US-Systems. Denn während
Millionen Menschen in Kuba, wie in aller Welt, aus

Überzeugung für ihre Ideale eintreten, müssen die USA Leute dafür bezahlen, dass sie die kapitalistisch-neoliberale Ideologie propagieren. Deshalb denke ich, dass Kuba politisch, militärisch und ideologisch keine Angst vor dem Normalisierungsprozess haben muss. Es gibt durchaus ernstzunehmende Risiken und Gefahren, aber die Chancen und Vorteile für Kubas Zukunft sind größer, solange an den Errungenschaften und Prinzipien der Revolution keine Abstriche gemacht werden. Ich hatte das große Privileg, im April 2011 gemeinsam mit Margot Honecker, Heinz Keßler und Klaus-Dieter Baumgarten als Gast am VI. Parteitag der Kommunistischen Partei Kubas teilzunehmen. Die auf dieser Tagung gefassten Beschlüsse wurden in Kuba mit großem Engagement in die Praxis umgesetzt. Ich bin davon überzeugt, dass der Aufbau des Sozialismus in Kuba nach dem VII. Parteitag im April 2016 erfolgreich fortgesetzt wird.

1 James Monroe entwickelte 1823 die bis in die heutige Zeit geltenden Grundzüge einer langfristigen Außenpolitik der Vereinigten Staaten, in der die Unabhängigkeit Amerikas von europäischen Mächten festgestellt wird. Im Kern erklärt die »Monroe-Doktrin« den gesamten Doppelkontinent zur Hemisphäre Washingtons. Jede Verletzung dieses Anspruchs drohen die USA mit militärischem Eingreifen zu beantworten.

2 Über das 117,6 Quadratkilometer große Gebiet in der Bucht von Guantánamo war im Februar 1903 ein Pachtvertrag über 99 Jahre abgeschlossen worden. Laut Vertrag darf das Gebiet von den USA »ausschließlich als Kohleverladestation und Marinebasis und für keinen anderen Zweck« genutzt werden. 1934 wurde der Vertrag zu den gleichen Bedingungen erneuert, die US-amerikanischen Ansprüche auf den Stützpunkt jedoch auf unbefristete Zeit, »bis die beiden Vertragsparteien eine Änderung des Übereinkommens vereinbaren«, festgelegt. Seit dem Sieg der Revolution verweigert die kubanische Regierung die Annahme des Pachtzinses, da sie beide Verträge als illegal und nichtig betrachtet.

3 Fuerzas Armadas Revolucionarias (FAR) de Cuba (Mehr Informationen unter: http://www.cubadefensa.cu)

4 Mit Unterzeichnung eines Friedensabkommens durch die Bürgerkriegsparteien kehrten 1991 die letzten kubanischen Truppen aus Angola zurück.

5 Die am 7. April 1930 in Santiago de Cuba als Tochter einer wohlhabenden und einflussreichen Familie geborene Vilma Espín Guillois schloss sich 1952 den revolutionären Widerstandsgruppen an und gehörte seit 1955 zu der von Fidel Castro gegründeten »Bewegung des 26. Juli«. Espín war Revolutionärin, Mitglied des Staatsrats und der Kommunistischen Partei Kubas, sowie bis zu ihrem Tod am 18. Juni 2007 Präsidentin des Kubanischen Frauenverbandes (FMC).

6 Die Gruppe der Sowjetischen Streitkräfte in Deutschland (GSSD) trug von 1988 an, über die Auflösung der Sowjetunion 1991 hinaus, bis zum Abzug der dann russischen Truppen (1994) die offizielle Bezeichnung Westgruppe der Truppen (WGT).

7 Thomas Jefferson, von 1801 bis 1809 dritter Präsident der USA, sagte über Kuba: »Diese Insel ist die interessanteste Ergänzung unseres Systems von Bundesstaaten. ... Wenn wir Kuba besitzen, sind wir die Herren der Karibik.«

8 Im Spanisch-Amerikanischen-Krieg (23. April bis 12. August 1898) verlor Spanien seine letzten bedeutenden Kolonien. Er endete mit der Besetzung Kubas, Puerto Ricos, Guams und der Philippinen durch die USA.

9 W. I. Lenin: Der Imperialismus als höchstes Stadium des Kapitalismus; in: Ausgewählte Werke Bd. 1, Dietz-Verlag Berlin 1967, S. 761ff.

10 Vgl. dazu Fußnote 2

11 Das United States Marine Corps (USMC) greift mit seegestützten Operationen weltweit zur Wahrung US-amerikanischer Interessen ein. Über seinen Auftrag heißt es im Gesetz: »... Das Marine Corps soll so organisiert, ausgerüstet und ausgebildet sein, dass es für den Dienst im Verbund mit der Flotte [im Sinne von Marineverbänden], Fleet Marine Forces im Gefecht der verbundenen Waffen, zusammen mit assistierenden Luftkomponenten bereitstellen kann, die für die Eroberung oder Verteidigung von vorgelagerten Marinestützpunkten und für die Bodenkriegsführung entscheidend sind.« In der 1989 als »Maneuver Warfare« veröffentlichten Grundsatzdoktrin der Teilstreitkräfte heißt es: »Maneuver Warfare ist eine Philosophie der Kriegsführung, die bestrebt ist, den Zusammenhalt des Feindes durch eine Vielfalt von rasanten, gebündelten und überraschenden Abläufen zu zerschlagen, um [für ihn] eine sich zunehmend verschlechternde Situation auszulösen, die er nicht mehr beherrschen kann.«

12 Am 11. April 2002 organisierten rechte Contras und Teile der Oligarchie mit Unterstützung der USA einen Putsch gegen den gewählten Präsidenten Venezuelas, Hugo Chávez. Da Millionen Menschen im ganzen Land gegen die Putschisten protestierten und die Mehrheit des Militärs loyal zur Verfassung und dem Präsidenten stand, scheiterte der Putsch. Am 13. April 2002 kehrte Chávez im Triumphzug in den Präsidentenpalast zurück.

13 Eines der beiden strategischen Hauptquartiere der NATO

14 Zur Gemeinschaft der Lateinamerikanischen und Karibischen Staaten (CELAC) gehören 33 Länder, also alle Staaten des amerikanischen Doppelkontinents mit Ausnahme der USA und Kanadas.

Klaus Eichner

USA und Contras träumen
von einem Havanna-Maidan

Wer sich für die Zukunft Kubas und Lateinamerikas interessiert, muss sich auch mit den Tätigkeiten ausländischer – meist US-amerikanischer – Geheimdienste, mit Agenten und Spitzeln, mit Ein-
flussnahme, Destabilisierung, Desinformation, Um-
sturzplänen und den Methoden ihrer Umsetzung aus-
einandersetzen. Herr Eichner, Sie gelten als Experte
auf diesem Gebiet. Sie haben in der DDR zunächst
für die Spionageabwehr gearbeitet. Seit 1974 waren
Sie als Chef-Analytiker der Hauptverwaltung Aufklärung (HV A) des Ministeriums für Staatssicherheit
(MfS) tätig. In der für westliche Agententätigkeit zu-
ständigen Abteilung IX der HV A waren Sie der Spe-
zialist für US-amerikanische Geheimdienste. Womit
haben Sie sich da überwiegend beschäftigt?

Unsere grundlegende Aufgabe bestand darin, die
Pläne und Aktivitäten der westlichen Geheimdienste
zur Unterminierung der sozialistischen Gesellschaften aufzuklären und damit die Möglichkeiten zu schaffen, solche subversiven Aktivitäten abzuwehren. Unter diesen Gesichtspunkten analysierten wir alle uns
zugänglichen Informationen, von internen Materia-
lien unserer eigenen Quellen, den »Spähern«, bis zu
allgemein zugänglichen Publikationen über die Arbeit

Veranstaltung zum Geburtstag Fidel Castros am 13. August 2013 in Berlin: Klaus Eichner berichtet von seinen Reisen nach Kuba und überreicht dem anwesenden Botschafter Fotodokumente

der Geheimdienste. Über erkannte Mitarbeiter und Agenten der Geheimdienste erfassten wir dann auch alle Hinweise zu deren Persönlichkeit und zum persönlichen Umfeld mit dem Ziel, eventuelle Ansatzpunkte für operative Kontakte zu nutzen. In erster Linie ging es also um Aufklärung der »Human Intelligence« (HUMINT)[1]. Wir hatten eine ganze Reihe von gut positionierten Quellen an wichtigen Orten, durch die wir sehr umfassend über die Tätigkeiten und Planungen der westlichen Geheimdienste informiert waren. Neben Quellen direkt in den operativen Zentren dieser Geheimdienste gehörten dazu auch inoffizielle Mitarbeiter mit anderen wichtigen Aufgaben der Gegenspionage. Das waren meist Menschen, die sich im Ergebnis von Anbahnungsoperationen gegnerischer Nachrichtendienste unseren Sicherheitsorganen offenbarten und bereit waren, mit uns gemeinsam die weiteren Aktivitäten dieser Dienste aufzuklären. Das war sehr effizient. So mussten die Vertreter der US-amerikanischen Geheimdienste nach dem Ende der DDR zum Beispiel feststellen, dass alle Quellen der CIA², die über die DDR berichteten, dies im Auftrag und in Abstimmung mit dem MfS taten. Eine ähnliche Situation war auch bei den Quellen des westdeutschen Bundesnachrichtendienstes (BND), die Informationszugänge zu verschiedenen Bereichen in der DDR gefunden hatten, gegeben. Durch diese Vorgehensweise war es uns gelungen, die Spionagetätigkeit von Agenten gegen die DDR weitgehend zu paralysieren.

Dann haben Sie also alles oder fast alles gewusst?

Dies wäre, wie vermutlich bei allen Aufklärungs- und Abwehrspezialisten, natürlich unser Traum gewesen. Aber es stimmt nicht, dass wir alles, was die gegnerischen Dienste gegen unser Land planten, gewusst haben. Allerdings waren wir schon auf einem sehr guten Weg dorthin. Zum persönlichen Schutz unserer Quellen und um die Fortsetzung ihrer Tätigkeit nicht zu gefährden, haben wir übrigens unsere Erkenntnisse – im Gegensatz zu den heutigen Whistleblowern – entweder gar nicht oder erst zu einem späteren Zeitpunkt veröffentlicht. Aus diesem Grund ist wohl auch vieles über diesen Teil unserer Tätigkeit bis heute kaum bekannt.

Haben Sie und ihre Kollegen nur solche Aktivitäten der US-Geheimdienste analysiert, die gegen die DDR und die anderen sozialistischen Länder Europas

gerichtet waren oder haben Sie auch deren Tätigkeit in Lateinamerika beobachtet?

Natürlich war unser Hauptoperationsgebiet zur Absicherung der sozialistischen Staatengemeinschaft in Europa auch der europäische Raum. Aber mit der wachsenden politischen und strategischen Bedeutung der Entwicklungen in Mittel- und Südamerika, beginnend mit der Revolution in Kuba, befassten wir uns zunehmend auch mit Lateinamerika. Daraus ergaben sich natürlich Beziehungen des MfS der DDR mit den Sicherheitsorganen des sozialistischen Kuba. Es entwickelte sich ein enger, quantitativ und qualitativ wachsender Informationsaustausch. Zu diesem Austausch gehörten auch Informationen über die intensive Tätigkeit der US-Geheimdienste in Lateinamerika. Die Region gehört zu den traditionellen Einsatzgebieten aller Gliederungen der »Intelligence Community« der USA.[3] In den Ländern Mittel- und Südamerikas tummeln sich deshalb seit eh und je ganze Heerscharen von Werbern und Agentenführern der CIA, der militärischen und anderer Geheimdienste. Das FBI[4] und die Drogenbehörde DEA[5] unterhalten in den lateinamerikanischen Ländern zahlreiche Stützpunkte. US-Geheimdienstagenten werden über die Botschaften gesteuert. Sie sitzen aber auch in nahezu allen anderen Einrichtungen, in Firmen und NGOs aus den USA. Ihre Aufträge bestehen vor allem aus Informationsbeschaffung, Anwerbung, Ausbildung und Führung von Agenten aber auch in direkten Einsätzen. Alle diese Aktivitäten und Bereiche waren – soweit möglich – Gegenstand unserer Analysen.

Obwohl fast alle Länder der Welt Aufklärungs- und Geheimdienste unterhalten, wird das Ministerium für Staatssicherheit der DDR von bundesdeutschen Politikern und Medien gern als eine Denunzianten- und Spitzelorganisation an den Pranger gestellt. Deshalb wissen nur wenige Menschen, dass Mitarbeiter des MfS zum Beispiel – nach dem von der CIA initiierten blutigen Putsch Pinochets im Jahr 1973 – einer großen Zahl verfolgter Chilenen zur Flucht verholfen und ihnen damit das Leben gerettet haben. Können Sie mir dazu etwas sagen?

Die HV A hatte schon im Frühjahr 1973 Erkenntnisse über einen geplanten Putsch rechter Militärs gegen die Regierung der Unidad Popular, also der Volksfront in Chile[6]. Die Quelle war übrigens ein für uns tätiger Mitarbeiter des westdeutschen Bundesnachrichtendienstes. Das Zentralkomitee der SED informierte Chiles Präsidenten Salvador Allende, der allerdings überzeugt war, dass die chilenische Armee entsprechend der Tradition des Landes niemals gegen eine demokratisch gewählte Regierung putschen würde. Er irrte sich und der Putsch fand am 11. September 1973 mit Unterstützung der CIA statt. In unserer Botschaft in Santiago de Chile, die nach dem Staatsstreich in eine Handelsvertretung mit quasi diplomatischem Status umgewandelt wurde, da die Regierung der DDR ihre diplomatischen Beziehungen zu den Putschisten abgebrochen hatte, verblieb eine kleine Besatzung von Diplomaten, darunter auch Offiziere der Aufklärung der DDR. Die DDR leitete sofort einige Handelsschiffe mit ursprünglichem Kurs auf Kuba, darunter den Frachter

»Neubrandenburg« und andere, auf Routen nach Chile um. Diese Schiffe wurden – nach dem Muster der gegen die DDR aus dem Westen operierenden Schleuserbanden – mit gut getarnten Verstecken ausgerüstet. Parallel dazu wurden die technischen und logistischen Möglichkeiten unserer Hauptverwaltung A zur Bereitstellung von perfekt gefälschten Personal- und Reisepapieren genutzt. Höhepunkt dieser Operationen war die Ausschleusung des Generalsekretärs der Sozialistischen Partei Chiles, Carlos Altamirano, mit einem präparierten PKW nach Argentinien – und von dort in die DDR. Die Bürger der DDR haben den bei uns eintreffenden Chilenen gegenüber übrigens echt empfundene Solidarität gezeigt. Chile wurde in der DDR auch zu einem Symbol für Widerstand und Hoffnung. Unsere MfS-Offiziere waren übrigens auch bei der Organisation der politischen Unterstützung des Widerstandes gegen die Pinochet-Junta aktiv beteiligt, etwa durch Entwicklung und Pflege der Informationsbeziehungen oder durch die Bereitstellung von Kommunikationstechnik.[7]

Wie die MfS-Offiziere in Chile haben auch die Mitarbeiter der Geheimdienste anderer sozialistischer Länder viele Menschenleben gerettet. Ich denke zum Beispiel an die als »Cuban Five« bekannt gewordenen Kundschafter, die exilkubanische Terrorgruppen in Florida ausgespäht und damit Anschläge und Morde verhindert haben. Die rechten Kräfte in Lateinamerika setzen jedoch weiter auf Gewalt und Terror, um progressive Regierungen zu stürzen. Jeden Tag gibt es Anschläge und Gewaltakte, deren Urheber meist enge

Kontakte zu US-Geheimdiensten pflegen. Sehen Sie unter diesen Umständen überhaupt eine Chance, dass Geheimdienste irgendwann verschwinden?

Obwohl mir eine Welt ohne Geheimdienste lieber wäre, lassen die politischen Verhältnisse auf unserem Globus eine solche Entwicklung leider noch nicht zu. Ganz im Gegenteil: die zunehmende Aggressivität des Imperialismus verlangt von all jenen Staaten, die eine progressive, antiimperialistische Entwicklung anstreben, sogar zwingend eine hoch qualifizierte Aufklärungs- und Abwehrarbeit. Auch das Schicksal der »Cuban Five«, die nach jahrelanger unmenschlicher Haft in Gefängnissen der USA jetzt wieder in ihrer Heimat sind, ist ein Argument für die weiterhin bestehende Notwendigkeit der Arbeit von Geheimdiensten zum Schutz progressiver Staaten. Die fünf kubanischen Helden haben übrigens genau das gemacht, was US-Präsident George W. Bush nach dem 11. September 2001[8] von der ganzen Welt gefordert hat – nämlich zur Aufklärung und Bekämpfung des Terrorismus beigetragen. Kuba ist, das mag manche verwundern, bereits seit Jahrzehnten in wesentlich stärkerem Maße von terroristischen Anschlägen betroffen als die USA. Bei einer internationalen Anhörung zum Fall der »Cuban Five«, die im März 2014 am Sitz der renommierten »Law-Society« in London stattfand, legte der Spezialermittler des kubanischen Innenministeriums für Terrorakte, Leutnant Colonel Roberto Hernández Caballero, eine Übersicht der vom Boden der USA aus organisierten Angriffe gegen Menschen und Einrichtungen in seiner Heimat vor. Danach waren seit dem Sieg der

Revolution im Jahr 1959 bis zum Tag dieser Anhörung insgesamt 713 Terroranschläge registriert worden,
bei denen rund 3.500 Menschen getötet und mehr als
2.100 verletzt wurden. Die Führung der USA behan-
delt dieses Thema aus politischen Gründen allerdings
bewusst doppelzüngig. Missliebige Staaten gehören in
ihren Augen zur »Achse des Bösen« und deren Vertreter zu den Unterstützern von »Terroristen«. Dabei gehen überführte Massenmörder, wie der ehemalige CIA-
Agent Luis Posada Carriles, der verantwortlich für die
Explosion eines kubanischen Verkehrsflugzeuges[9] vor
Barbados und zahlreiche Bombenanschläge auf Hotels
in Havanna ist, unbehelligt in den Straßen von Miami
spazieren, rühmen sich in den Medien ihrer Gewalt-
taten und werden von Polizei, FBI und Justiz der USA
geschützt. Es sind diese Monster, die von der CIA seit
Jahrzehnten aus den Kreisen der antikommunistischen
Exilkubaner ausgewählt, ausgebildet und ausgerüstet
werden, um das kubanische Volk zu terrorisieren. Dagegen musste und muss sich Kuba natürlich auch weiterhin und auch mit geheimdienstlichen Mitteln schützen. So wie unsere MfS-Offiziere nach dem CIA-Pino-
chet-Putsch das Leben vieler verfolgter Chilenen retten konnten, haben die kubanischen Aufklärer mit ihrer Arbeit zahlreiche Terroranschläge gegen Menschen
und Einrichtungen in ihrer Heimat verhindert und damit ebenfalls das Leben vieler Menschen gerettet. Deshalb werden sie in Kuba, wie übrigens auch in anderen
Ländern, die sie nach ihrer Freilassung besucht haben,
zu Recht als Helden verehrt. Für meine Frau und mich
war die Kenntnis und Anerkennung ihrer Arbeit übrigens auch ein Grund, Gründungsmitglieder und aktive

Klaus und Ulla Eichner bei einer Solidaritätsaktion
für Kuba und gegen Provokationen von Contras vor
der kubanischen Botschaft in Berlin, März 2008

Mitstreiter des deutschen Solidaritätskomitees »¡Basta
Ya!« zu werden, das sich sehr engagiert für die Freiheit
dieser fünf Helden der Republik Kuba eingesetzt hat.
Heute bewegt es mich sehr, wenn ich erlebe, wie deren selbstlose und mutige Aufklärungsarbeit von großen Teilen des kubanischen Volkes und von progressiven Menschen in aller Welt gewürdigt wird. Aber die
Subversion wird weitergehen und vermutlich noch verschärft werden. Deshalb wird Kuba sein sozialistisches
Gesellschaftsmodell verstärkt schützen müssen.

**Zumal von exilkubanischen Gruppen in den USA ja
auch in jüngster Zeit wieder Terroranschläge gegen
Kuba geplant waren?**

Leider ist das so. Sie und einige ihre Journalistenkol-
legen haben ja vor nicht allzu langer Zeit über einen

Vorgang berichtet, den viele bundesdeutsche Konzern-
medien ihren Leserinnen und Lesern verschwiegen hatten. Im April 2014 wurden in Kuba vier Männer verhaftet, die dort terroristische Anschläge verüben wollten.
Sie waren geständig und gaben zu, dass sie den Auftrag
hatten, militärische Einrichtungen auf der Insel an-
zugreifen, um gewaltsame Gegenreaktionen zu provozieren. Alle vier sind Exilkubaner und leben seit längerer Zeit in Miami. Obwohl diese Gewalttäter der Polizei
und den Behörden in den USA seit Jahren gut bekannt
sind, konnten sie ihre Anschläge ungestört in Florida
planen und vorbereiten. Auch ihre Hintermänner, die
den berüchtigten Terrorgruppen »Alpha 66«[10] und der
»Brigade 2506«[11] angehören und Beziehungen zu dem
Bombenleger Luis Posada Carriles unterhielten, sind
den US-Ermittlungsbehörden seit vielen Jahren bestens
bekannt. Trotzdem konnten drei der vier verhafteten
Terroristen seit Mitte 2013 mehrfach nach Kuba reisen,
um dort die Ziele auszuspionieren und die Aktionen
vorzubereiten. Nur der kubanischen Aufklärung ist es
zu verdanken, dass die Täter rechtzeitig von den Sicherheitsorganen verhaftet wurden. Dadurch konnten die
von ihnen geplanten Anschläge vereitelt werden, bevor
es zu weiteren Opfern gekommen ist. Dies bestätigt aus
meiner Sicht einmal mehr, wie notwendig eine effek-
tive Aufklärungs- und Abwehrarbeit für den Schutz der
kubanischen Bevölkerung auch heute noch ist.

**Eine Ihrer zahlreichen Veröffentlichungen beschäf-
tigt sich mit der »Operation Condor« in Lateinamerika. Können Sie mit wenigen Worten erklären, was
das war?**

Operation Condor war in den 1970er und 1980er Jahren der Codename für ein staatliches Terrornetzwerk von Geheimdiensten und Geheimpolizeien der reaktionären Militärdiktaturen Argentiniens, Chiles, Paraguays, Uruguays, Boliviens und Brasiliens. Das Ziel dieses Netzwerkes war die brutale Unterdrückung jeder Form von politischer Opposition gegen die Diktatoren-Regime. Außerdem ging es um die gewaltsame Zurückdrängung aller linksorientierten Einflüsse und Ideen in dieser Region auf der Grundlage umfangreicher geheimdienstlicher Aufklärungs- und Unterwanderungsoperationen. Zum Repertoire gehörten auch paramilitärische Sonderoperationen zur Liquidierung erkannter Regimegegner. Bei den mit Wissen, Billigung und Unterstützung der Vereinigten Staaten durchgeführten Aktionen wurden im Rahmen der Operation Condor über 400.000 Menschen in Lateinamerika ermordet. Dortige Historiker bezeichnen die von dieser »Internationale des Terrors« begangenen kriminellen Handlungen als »das grausamste und abartigste Kapitel der Geschichte« des Kontinents und sprechen von Völkermord. Im Rahmen der Operation Condor waren übrigens auch exilkubanische Contras – teilweise aus den gleichen Gruppen, die von den »Cuban Five« und anderen kubanischen Aufklärern später unter Kontrolle gehalten wurden – direkt an Mordanschlägen beteiligt. Wichtige Führungspersönlichkeiten der politischen Opposition, vor allem aus Chile aber auch aus den anderen Condor-Ländern, wurden weltweit verfolgt und fielen auch außerhalb Lateinamerikas Attentaten zum Opfer. Bekannt wurde zum Beispiel der Fall des chilenischen Diplomaten und Politikers Orlando Letelier, der 1976 in Washington durch Agenten von Pinochets Geheimpolizei mit einer Autobombe ermordet wurde. Ziel und Ansage der Operation Condor war es erklärtermaßen, dass der Kontinent »von allen Linken gesäubert« wird. In den stets die Menschenrechte so betonenden westlichen Ländern, einschließlich der BRD, hat die Operation Condor übrigens kaum öffentliche Empörung ausgelöst. Man hat den Verdacht, dass 400.000 ermordete Lateinamerikaner, die zudem noch linker Überzeugungen verdächtig sind, für die westlichen Menschenrechtsverteidiger nicht zählen.

Welche Rolle spielten die Geheimdienste der USA und anderer westlicher Länder?

Obwohl die offizielle Einladung zur Gründung der Organisation Condor vom Chef des Geheimdienstes der Pinochet-Diktatur, der berüchtigten DINA[12], ausgesprochen wurde, lag die geistige Urheberschaft und die Federführung solcher Operationen bei den Geheimdiensten der USA. CIA, FBI und die Agentur zur Drogenbekämpfung (DEA) stellten auch die logistische Unterstützung, wie zum Beispiel die Datenverarbeitungs- und Kommunikationstechnik, zur Verfügung. Begründet wurden die verbrecherischen Aktionen übrigens mit »gemeinsamen Werten« und Zielen, wie dem »Kampf gegen den Kommunismus« sowie dem Schutz der Interessen der »westlichen und christlichen Zivilisation«. Auch der Bundesnachrichtendienst (BND) und die Führung der Bundeswehr pflegten enge Kontakte zu den Geheimdiensten der direkt an

Fotoausstellung über die »Cuban Five« in der Galerie der GBM (Gesellschaft zum Schutz von Bürgerrecht und Menschenwürde) in Berlin, September 2008 (v.li. stehend: Klaus Eichner, Hans Modrow und Jutta Kausch)

der Operation Condor beteiligten Diktaturen. In der BRD agierte ein Einsatzteam der DINA-Auslandsabteilung, dem auch CIA-Agenten und ein exilkubanischer Contra angehörten. Aufgabe dieses Einsatzteams war unter anderem der Aufbau eines Verbindungs-Netzwerkes mit dem BND.

Die Zeit der offen faschistischen Diktaturen scheint in Lateinamerika vorbei zu sein. Seit der Wahl von Hugo Chávez zum Präsidenten Venezuelas im Dezember 1998 hat es auf dem Kontinent eine bis heute anhaltende Linksentwicklung gegeben. Gehören die alten Verbindungen zwischen Oligarchien, Rechten und US-Diensten der Vergangenheit an oder gibt es sie noch?

Erst Mitte der 1990er Jahre begannen Gerichtsverfahren zum detaillierten Nachweis der Menschenrechtsverletzungen in den Condor-Staaten. Mit verschiedenen Formen von »Wahrheitskommissionen« wurden in teilweise jahrelanger Arbeit die Fakten über begangene Gräueltaten rekonstruiert und damit eine verdienstvolle Arbeit zur Aufklärung der Verbrechen der Militärdiktaturen geleistet. Weniger akribisch erfolgte die Identifizierung der Täter. Ihre Bestrafung wurde meist mit verschiedenen Vorwänden über Jahre verzögert und oft unmöglich gemacht. Damit bleibt nach wie vor ungenügend geklärt, welche hochbelasteten Geheimdienst-Mitarbeiter im Staatsdienst, im Militärapparat oder in zivilen Strukturen noch existieren. Sie bilden bis in die Gegenwart ein Potential für konterrevolutionäre Aktionen. Zu diesem Potential gehören auch führende Militärs lateinamerikanischer Staaten, die in der berüchtigten »School of the Americas«, die auch »Schule der Mörder« genannt wird, ausgebildet worden waren. Diese Ausbildungsstätte war über Jahre hinweg in der Kanalzone Panamas stationiert und ist heute in der US-Army-Basis Fort Benning im Bundesstaat Georgia untergebracht. Seit der Gründung im Jahr 1946 absolvierten mehr als 60.000 Offiziere verschiedener Länder Lateinamerikas Lehrgänge in diesem Ausbildungscamp und erhielten Unterricht auch in Erpressung, Nötigung, Folterpraktiken und Exekutionen. Über jeden Lehrgangs-Teilnehmer wurden von den US-Geheimdiensten Dossiers angelegt, die auch Hinweise auf persönliche Schwachpunkte sowie Ansatzpunkte für eine weitere Zusammenarbeit in der Zukunft enthielten. Die Mörder-Schule, zu deren

Absolventen sowohl Verhör- und Folterspezialisten als auch zahlreiche hohe Militärs und Diktatoren der Region gehören, wurde aufgrund massiver öffentlicher Proteste und kritischer Anhörungen im Kongress der USA zwar formell im Dezember 2000 geschlossen, firmiert heute aber unter der Bezeichnung »Western Hemisphere Institute for Security Cooperation« – womit ihre grundlegende Funktion hinreichend charakterisiert wird – als Ausbildungsstätte für lateinamerikanische Militärs weiter. Ihr Jahresbudget beträgt rund zehn Millionen US-Dollar.

Sprechen wir über die von Präsident Barack Obama am 17. Dezember 2014 angekündigte neue Kuba-Politik der USA. Am selben Tag veröffentlichte das Pressereferat des Weißen Hauses eine Erklärung, in der es heißt: »Heute kündigte der Präsident mehrere Maßnahmen an, die darauf abzielen, ... in Kuba effektiver einen Wandel zu fördern, der ... mit den amerikanischen Sicherheitsinteressen in Einklang steht.« Außerdem wird betont: »Die Administration wird weiterhin US-Programme umsetzen, die einen positiven Wandel in Kuba fördern.« Welchen Sinn macht es, einerseits Sanktionen abzubauen und andererseits Programme für den Regime-Change zu verstärken?

Die unter dem Druck vorwiegend wirtschaftlicher Interessen erzwungene Abkehr von der brutalen Politik der totalen Blockade hat natürlich keine Änderung der politischen Ziele des US-Imperialismus gegenüber Kuba zur Grundlage. Das betonen Obama, Kerry und viele weitere Politiker der USA auch selbst

Fritz Streletz und
Raúl Castro

bei jeder Gelegenheit. Mit dem Abbau von Sanktionen hat Washington ja nicht eingestanden, dass die
Blockade gegen Kuba völkerrechtswidrig ist, sondern
lediglich zugegeben, dass sie auch den eigenen Interessen geschadet hat. Damit ist zum einen die politische Isolation der USA auf dem Kontinent gemeint, aber auch die Einschränkungen für die US-
Wirtschaft. Dass man dies jetzt ändern will, bedeutet doch keine Anerkennung des kubanischen Ge-
sellschaftsmodells. Im Gegenteil: Kuba ist mit seinem sozialistischen Weg seit über 50 Jahren eine Herausforderung gegenüber den Vereinigten Staaten auf
ihrem angemaßten Hinterhof. Wenn es in all diesen Jahren mit Drohungen und Terror nicht gelungen ist, Kuba zur Aufgabe seines sozialistischen Weges zu zwingen, will der US-Imperialismus es nun offensichtlich mit der Methode der Annäherung und
Umarmung versuchen. Ich bin allerdings der Überzeugung, dass Kuba sich auch in der Umarmung
nicht erdrücken lässt.

Das sehen die Strategen in Washington offenbar anders. Im gleichen Dokument erklärt das Weiße Haus mit Bezug auf die neue Kuba-Politik auch: »Heute erneuern wir unsere Führungsrolle auf dem gesamtamerikanischen Kontinent.« Wie interpretieren Sie diese Aussage?

Die US-Regierung hält immer noch an der Vorstellung fest, dass sie eine solche Führungsrolle hat. Dabei sind die politischen Entwicklungen auf dem Kontinent längst über einen solchen Anspruch hinweggerollt. Korrekt hätte die Formulierung außerdem »wieder herstellen« statt »erneuern« lauten müssen, denn man kann nicht etwas erneuern, was man schon verloren hat. Die Rückeroberung der Führungsrolle kann politisch, ideologisch und wirtschaftlich aber auch militärisch und durch Aktivitäten, die wir aus anderen Ländern kennen, gemeint sein. Deshalb sollte das weitere Vorgehen der USA in Lateinamerika nicht unterschätzt und mit größter Aufmerksamkeit verfolgt werden.

Seit Juli 2015 haben die früheren Interessenvertretungen Kubas und der USA in Washington und Havanna wieder den Status von Botschaften. Die USA nutzen ihre diplomatischen Vertretungen in aller Welt bekanntermaßen nicht nur zur Spionage, sondern auch zur Einmischung in die inneren Angelegenheiten der Gastgeberländer, zur Destabilisierung unliebsamer Regierungen sowie zur Organisation und Steuerung von Staatsstreichen. Kann Kuba sich vor dieser Gefahr überhaupt schützen?

Sie spielen mit Ihrer Frage vermutlich auf die Kritik vieler Kubafreunde an der Eröffnung der US-Botschaft an, die ja mit einer Aufstockung des Personals und dem Recht der Mitarbeiter verbunden ist, sich in ganz Kuba frei zu bewegen. Dass die US-Botschaften nicht nur in Kuba, sondern weltweit, Agentennester und Basisstationen subversiver Aktionen der Geheimdienste sind, ist ein offenes Geheimnis. Denken Sie an den in Lateinamerika oft zitierten Satz, dass es in den USA nur deshalb noch nie einen Staatsstreich gegeben habe, weil es in Washington keine US-Botschaft gibt. Auf der anderen Seite entsteht mit der Botschaftseröffnung in Kuba, was diese Fragen angeht, auch keine wirklich neue Situation. Die Agenten der US-Dienste tummeln sich seit eh und je auf der Insel, werben Informanten an, bilden Systemgegner aus und bereiten den Boden für subversive Aktionen vor. Auch bisher wurden viele Aktionen aus der US-Interessenvertretung organisiert, gesteuert und beaufsichtigt. US-Agenten und in ihrem Auftrag agierende kubanische Contras werden auch von einigen anderen Botschaften, wie etwa denen Polens, Tschechiens, Schwedens und der Bundesrepublik unterstützt. Die kubanischen Sicherheitsorgane haben seit vielen Jahren bewiesen, dass sie diese Gefahren kennen und in der Lage sind, das kubanische Volk durch qualifizierte Maßnahmen der Aufklärung und Abwehr vor verbrecherischen Angriffen zu schützen.

Nahezu alle international agierenden US-Dienste sind in Kuba subversiv tätig, um die Regierung zu delegitimieren, das Land zu destabilisieren und einen Systemwechsel zu befördern. Können Sie einen kurzen

Das Gesamtsystem der US-amerikanischen Geheimdienste wird intern, wie ich bereits kurz erwähnte, als
»Intelligence Community« bezeichnet. Die politische
Führung wird im Auftrag des Präsidenten der USA
über den Nationalen Sicherheitsrat, den National
Security Council (NSC) ausgeübt. Dessen Vorsitzender ist zugleich der Nationale Sicherheitsberater des
US-Präsidenten. Zur »Intelligence Community« gehören der zentrale Auslandsnachrichtendienst CIA, die
zentrale Abwehrbehörde FBI, die Teil des US-Justiz-
ministeriums ist, mehrere dem Verteidigungsminis-
terium nachgeordnete Geheimdienste, darunter die
National Security Agency oder kurz NSA als zentra-
les Organ der elektronischen Aufklärung und Abwehr,
die National Reconnaisance Organisation, kurz NRO,
das ist eine Behörde für den Einsatz von Aufklä-
rungssatelliten sowie die Aufklärungs- und Abwehr-
dienste aller Teilstreitkräfte. Mehrere bedeutsame Mi-
nisterien, wie etwa das Außen-, das Energie- und das
Handelsministerium, unterhalten eigene Aufklärungs-
abteilungen. Nach den Anschlägen auf das World-
Trade-Center und das Pentagon am 11. September
2001 wurden zentrale Abwehr- und Sicherheitsfunk-
tionen im Ministerium für Homeland Security, dem
Heimatschutzministerium, zusammengefasst. Ein spe-
zieller Abwehrdienst mit umfassenden Auslandsfunk-
tionen ist die Behörde zur Bekämpfung des illegalen
Drogenhandels, die Drug Enforcement Administration (DEA).

Auch Stiftungen, NGOs und vorgebliche Hilfsorgani-
sationen geben in Kuba – wie in anderen Ländern –
viel Geld für Anwerbung und Ausbildung sogenann-
ter Dissidenten, für deren Ausrüstung und für Propa-
gandamaterial aus. Welche Akteure sind Ihnen in diesem Bereich bekannt?

Kritische Politikwissenschaftler und Publizisten heben
hervor: Was früher die Drecksarbeit der CIA war,
wird nun von den Nichtregierungs-Organisationen
(Non-Governmental Organizations – NGOs)   der
»Zivilgesellschaften« erledigt. Hier stecken aber schon
mehrere Irreführungen in dieser Aussage. Die meisten
sogenannten NGOs sind keineswegs unabhängig von
Regierungen. Strukturell, finanziell und im Führungs-
personal nehmen die Regierungen entscheidenden Einfluss. Die NGOs waren auch zuvor schon wirksame Instrumente der Geheimdienste und sie werden auch
heute noch in entscheidenden Positionen von erfahrenen Geheimdienstkadern geführt.

Ich will das an einigen Beispielen US-amerikanischer NGOs erläutern:
▪ National Endowment for Democracy (NED)
Das 1983 unter Ronald Reagan gegründete NED übt
die Funktion einer Art Dachorganisation der US-amerikanischen NGOs aus. Der Leiter ist der ehemalige
NATO-Oberbefehlshaber Wesley Clark. Das NED
wird jährlich mit dreistelligen Millionenbeträgen vorwiegend über das US-Außenministerium finanziert
und ist eine der zentralen Geld-Verteilstellen für vorgebliche NGOs, die gegen unliebsame Regierungen
mobilisieren.

- Freedom House

Diese bereits 1941 gegründete NGO steht heute unter Leitung des früheren CIA-Direktors James Woolsey. Zur Funktion von Freedom House erklärte die Programmdirektorin Paula Schriefer: »Wir bringen der Welt nur bei, wie Demokratie funktioniert – und dokumentieren, wo sie fehlt, wie man sie fördern könnte.«

- Open Society Institute
(International Renaissance Foundation)

Diese von dem aus Ungarn stammenden US-Milliardär George Soros gegründete, finanzierte und geleitete international wirksame Organisation gehört zu den bedeutendsten Geldquellen von oppositionellen Bewegungen. Ihre international tätigen Aktivisten sind immer in Führungspositionen bei der Organisierung von Aktionen zur Beseitigung unliebsamer Regierungen, die oft auch als »bunte Revolutionen« bezeichnet werden.

Auch in Europa gibt es NGOs, die sich teils subversiv in die Innenpolitik anderer Länder einmischen. Ich nenne hier nur:

- European Endowment for Democracy (EED)

Die Europäische Demokratiestiftung, wie die EED zu deutsch heißt, wurde im Januar 2013 von der Europäischen Union analog zum US-Vorbild NED gegründet und finanziert seitdem ebenfalls prowestlich orientierte Kräfte in Staaten außerhalb der EU. Nach Einschätzung der Stiftung Wissenschaft und Politik (SWP) wird das EED »zwangsläufig auch Kräfte fördern, die sich zu einem späteren Zeitpunkt als Nicht-Demokraten entpuppen«. Finanziert wird die EED von der

Europäischen Kommission, den EU-Mitgliedsstaaten und der Schweiz.

- Körber-Zentrum Russland/GUS

Eine Vorfeldorganisation der regierungsnahen »Deutschen Gesellschaft für Auswärtige Politik« (DGAP). Dieser Thinktank beschäftigt sich mit Fragen der Internationalen Politik, der Außen- und der Sicherheitspolitik. Die DGAP wurde 1955 unter Mitwirkung der einflussreichen, den »westlichen Werten« verpflichteten Thinktanks »Council on Foreign Relations« (USA) und »Chatham House« Großbritannien gegründet.

- Westminster-Stiftung

Die 1992 gegründete »Westminster Foundation for Democracy« gilt als britische Kopie des Freedom-House, ist eine »Regierungs-NGO« und wird unter anderem direkt von Tony Blair gefördert.

Dies sind nur Beispiele. Es gibt dutzende NGOs, die engste Verbindungen zu westlichen Regierungen und deren Geheimdiensten unterhalten und teilweise sogar so etwas wie geheimdienstliche Tarnorganisationen sind. Auch zahlreiche Parteistiftungen sind übrigens informelle und personelle Zulieferer der Geheimdienste und erfüllen, zumindest teilweise, subversive Aufgaben. Hier sind vor allem die so genannten parteinahen Stiftungen der führenden Parteien der Bundesrepublik Deutschland zu erwähnen. Sie nutzen die ihnen aus Steuermitteln zufließenden Gelder oft zur Unterstützung gesteuerter »oppositioneller« Bewegungen, die sich in vielen Ländern gegen demokratisch legitimierte, aber unliebsame Regierungen richten. Dabei reicht die Bandbreite von der Konrad-Adenauer-

Stiftung der CDU (KAS) über die Hanns-Seidel-Stif-
tung der CSU (HSS), die Friedrich-Naumann-Stiftung der FDP, der Heinrich-Böll-Stiftung der Partei
Bündnis 90/Die Grünen bis zur SPD-nahen Friedrich-
Ebert-Stiftung (FES). In Lateinamerika finanzieren
vor allem die Stiftungen von CDU und FDP rechts-
gerichtete Contragruppen, unterstützen die Putschisten in Honduras und Paraguay und mischen sich offen
oder verdeckt in die inneren Angelegenheiten zahlrei-
cher Länder ein.[13]

**Stimmt es, dass die angeworbenen Personen oft
überhaupt keine Ahnung haben, dass sie von aus-
ländischen Geheimdiensten finanziert und gesteuert
werden?**

Diese Tatsache wird ihnen nie offiziell mitgeteilt. In-
sofern stimmt es. Aber ein politisch erfahrener Ak-
teur wird nach relativ kurzer Zeit merken, wer ihn an
der Leine führt. Was die in Kuba für ausländische Geheimdienste tätigen Personen betrifft, kann man davon ausgehen, dass sie sehr genau wissen, für wen und
in wessen Interesse sie handeln, da sie ja für ihre »Tätigkeit« bezahlt werden. Zahlreiche Aussagen und den
kubanischen Ermittlungsbehörden vorliegende unter-
schriebene »Quittungen« belegen zudem, dass die Teilnahme an Aktionen gegen die Regierung, etwa von den
»Damen in Weiß«, immer gegen Honorar erfolgt und
die Herkunft dieser Gelder den Aktivisten bekannt ist.
Ähnlich verhält es sich mit den angeblich unabhängigen Journalisten, die vielleicht – ebenso wie hun-
derte andere Autoren und Blogger im Land – von der

kubanischen Regierung unabhängig sein mögen, sich aber abhängig vom mächtigsten Regime der Welt, den USA, machen. Es gibt zahlreiche, von Wikileaks übrigens veröffentlichte, Mitteilungen aus der US-amerikanischen Interessenvertretung in Havanna an Regierungsstellen in Washington, in denen zum Beispiel ausführlich über die Besuche der angeblich unabhängigen Bloggerin Yoani Sánchez und ihres Mannes in der US-Mission, über deren Zusammenarbeit mit den Vertretern verschiedener US-Dienste und ihre Bereitschaft zur Lieferung von Informationen und Beurteilungen berichtet wird. Das alles ist dokumentiert und nachzulesen. Wer behauptet, dass diese Personen »unabhängig« sind, beleidigt die Intelligenz seiner Zuhörer, Leser oder Gesprächspartner. Und natürlich wissen auch diese Oppositionellen in Kuba, mit wem sie sich treffen, von wem sie Aufträge erhalten, wem sie zu berichten haben und vor allem, von wem sie Geld bekommen.

Laut Obama wollen die USA dafür sorgen, dass die Kubaner selbst einen Wandel, also einen Regime Change, herbeiführen. Dabei setzen die Geheimdienste der USA und anderer Ländern vor allem auf Beeinflussung der Jugend und der neu entstehenden Schicht von kleinen Selbstständigen in Kuba. Was versprechen die sich davon?

Ein schwieriges Problem für die politische Arbeit in Kuba ist der nachlassende Einfluss jener Generation, die die Revolution selbst erlebt und gestaltet hat. Es deutet im Moment vieles darauf hin, dass die finanziellen und propagandistischen Investitionen in die bisher

Klaus Eichner (li.) begrüsst Kubas damaligen Botschafter in Deutschland, Raúl Becerra, zu einer Veranstaltung anlässlich des Geburtstages von Fidel Castro in den Räumen der GBM

agierenden sogenannten Dissidenten, die in Kuba ohne jeden Einfluss sind, zurückgefahren werden und dafür die Arbeit im Verborgenen intensiviert wird. Zielgruppen der konspirativen Aktivitäten sind unter anderem die von Ihnen beschriebenen Bereiche. Die kubanische Führung kennt dieses Problem und muss sich in ihrer politischen Arbeit darauf einstellen. Aber mit der weltweiten Verbreitung der elektronischen Medien und der Nutzung »sozialer Netzwerke« potenzieren sich die Einflussmöglichkeiten der imperialistischen Medien. Zu den schon immer genutzten Möglichkeiten von allgemeinen Desinformationskampagnen kommt jetzt die der direkten individuellen Beeinflussung und der Mobilisierung über Netzwerke, SMS, usw. hinzu. Das stellt hohe Anforderungen vor allem an die politische Arbeit in der kubanischen Gesellschaft.

Das von Ihnen bereits erwähnte NED suchte im September 2015 per öffentlicher Stellenausschreibung einen Mitarbeiter zur Koordinierung und Überwachung der in Kuba angeheuerten Kräfte. Was wissen Sie über die Aktivitäten des NED?

Das NED finanziert schon seit langer Zeit Aktivitäten zum Sturz des Systems in Kuba und unterstützte auch terroristische Gruppen. Zwischen 1990 und 1992 spendete das NED zum Beispiel der »Cuban-American National Foundation« in Miami, die unter anderem die Serie von Bombenanschlägen auf Hotels in Havanna in den 1990er Jahren befürwortet hat, 250.000 Dollar. Die im September 2015 veröffentlichte Stellenausschreibung deutet darauf hin, dass Kuba nun verstärkt in den Focus dieser Stiftung geraten ist. Die Tätigkeitsbeschreibung der vom NED gesuchten Programmreferenten umfasst unter anderem Besuche vor Ort, um die Arbeit der in Kuba geförderten »Stipendiaten« zu überwachen. Voraussetzungen sind, neben Spanischkenntnissen, mindestens fünf Jahre »Arbeit in der Demokratieförderung« und Arbeitserfahrungen in »geschlossenen Gesellschaften« sowie bei der Unterstützung der »Zivilgesellschaft«. Außerdem verlangt das NED von den Bewerbern, Vertrautheit mit zivilgesellschaftlichen Netzwerken, Kontaktpflege zu einzelnen Aktivisten in Kuba und in der Region sowie die Bereitschaft zum Wohnen, Arbeiten oder Reisen in Lateinamerika. Zu ihren Aufgaben gehört auch die Organisation und Teilnahme an Veranstaltungen zur »Demokratieförderung« in Kuba. Die USA rüsten also personell auf, um ihre Ziele in Kuba zu verfolgen.

Es gibt offenbar auch neue Konzepte, denn die bisherigen Versuche, mit bezahlten Dissidenten an Einfluss zu gewinnen, sind ja gescheitert. Was kommt Ihrer Meinung nach jetzt auf die Kubaner zu?

Das NED selbst hat im August 2015 aufschlussrei-
che Details über die Zusammenarbeit mit sogenannten Aktivisten auf der sozialistischen Karibikinsel und
ein langfristig angelegtes »NED-Programm zur Öffnung Kubas« veröffentlicht. Danach hat die US-Stiftung »ein Programm entwickelt, das eine Vielzahl unabhängiger sozialer Akteure innerhalb Kubas, von
Menschenrechtsaktivisten bis zu unabhängigen Land-
wirten, unterstützt«. Dies sei Ausdruck der NED-Phi-
losophie, nach der »die Entwicklung unabhängiger Initiativen, längerfristig zum Zusammenbruch der auto-
ritären Herrschaft und zu einer friedlichen politischen
Veränderung« führen werde, heißt es auf der Home-
page. Außerdem wird darauf hingewiesen, dass früher hauptsächlich »Menschrechtsaktivisten und Dissidenten« unterstützt wurden, sich seit etwa vier Jahren aber ein »breites Spektrum neuer zivilgesellschaftlicher Gruppen« über die Insel ausgebreitet habe. Dies
reiche von unabhängigen Nachbarschaftsinitiativen,
die trinkbares Wasser und saubere Straßen fordern,
bis zu unabhängigen Bauern, die ihr Land in Koope-
rativen einbrächten, um für den Markt zu produzie-
ren. Diese Gruppen repräsentierten eine wachsende
Bewegung in Kuba, heißt es in dem Papier. Ihre privaten Aktionen seien subtil, aber machtvoll, »da sie jeden Tag an das Versagen des kubanischen Regimes erinnern«. Die Arbeit mit derartigen, neuen Initiativen

ist mittlerweile zu einem zentralen Bestandteil der NED-Programme für Kuba geworden. Ganz besondere Aufmerksamkeit widmet die US-Agentur der Medienarbeit. Die Stiftung arbeitet, wie sie selbst nicht ohne Stolz berichtet, mit »zahlreiche Gruppen« zusammen, die »die Arbeit von unabhängigen Journalisten und andere Medien innerhalb Kubas unterstützen«. Über das vom NED und der Entwicklungsagentur USAID finanzierte Onlineportal »CubaNet« mit Sitz in Miami etwa, sollen unabhängige Blogger und Journalisten auf der Insel personelle und materielle Hilfestellung erhalten. Diese Verbindung sei auch hilfreich für das Ziel, den Bekanntheitsgrad der Aktivisten zu steigern und weitere Unterstützung durch die internationale Gemeinschaft zu gewinnen. Neben Entwicklung und Vernetzung »unabhängiger« Medienstrukturen will das NED in den nächsten Jahren außerdem schwerpunktmäßig »unabhängige Landwirtschafts-Kooperativen« sowie den Aufbau einer »Bewegung unabhängiger Landarbeitergewerkschaften« unterstützen. All dies sind von NED-Vertretern verfasste, authentische Beschreibungen, die Art und Ausmaß der geplanten Einmischungen in die inneren Angelegenheiten Kubas erahnen lassen. Dabei versteht es sich von selbst, dass das, was die US-Stiftung selbst veröffentlicht, nur ein sehr kleiner Teil dessen ist, was gemacht und geplant wird. Was wir sehen, ist nur die Spitze des Eisbergs.

Welche Rolle spielen internationale Medienkonzerne bei den Versuchen, Kuba und die anderen progressiven Regierungen in der Region zu destabilisieren?

Die internationalen Medienkonzerne sind Teil der imperialistischen Propaganda- und Subversionsmaschinerie und agieren auch in diesem Sinne. Insbesondere bei der wachsenden Rolle der elektronischen Medien üben sie einen großen Einfluss auf das Meinungsbild in den einzelnen Ländern aus. Einige ausländische Konzerne, wie etwa die in Lateinamerika tätige spanische Prisa-Gruppe[14], die neben US-Diensten und dem Verband privater Presseunternehmer auch zu den Finanziers der Bloggerin Yoani Sánchez gehört, sowie private lateinamerikanische Fernsehkonzerne und spanischsprachige Programme der US-Senderketten wie CNN oder Univision, dominieren nach wie vor die öffentliche Meinung in großen Teilen des Kontinents. Hinzu kommt, dass die USA spezielle staatliche Propagandasender, wie »Radio und TV-Martí«, installiert haben und finanzieren, die eine gezielte subversive Strategie in dieser Region verfolgen. Das erinnert mich etwas an die Rolle, die zum Beispiel der Sender RIAS und das Westfernsehen im ideologischen Kampf gegen die DDR gespielt haben. Allerdings sind die heutigen Dimensionen größer. Die Bedeutung, die die US-amerikanische Führung den internationalen Medien für ihre subversive Strategie beimisst, kann unter anderem aus der ständig wachsenden Finanzierung der Medienbereiche abgelesen werden. Für 2016 hat sie das Budget für subversive Aktivitäten gegen Kuba von 20 auf 30 Millionen US-Dollar aufgestockt. Außerdem werden weitere 30 Millionen US-Dollar für den Propagandasender »Radio und TV Martí« bereitgestellt. In dieser Summe von 60 Millionen US-Dollar, das ist übrigens das Vierfache der Ausgaben des kubanischen Staates für alle seine Medien, sind noch nicht die Gelder der US-amerikanischen Geheimdienste, Stiftungen und NGOs für Untergrundarbeit enthalten.

Sie äußern sich kritisch über Yoani Sánchez. Hierzulande wird sie nicht nur von den Vertretern der Rechten, sondern auch von der taz und sogar von manchen Vertretern des linken Spektrums als Musterbeispiel für unabhängigen, kritischen Journalismus in Kuba gesehen. Was werfen Sie der Bloggerin vor?

Man könnte ihr vorhalten, dass sie für Geld die Unwahrheit verbreitet, enge Kontakte zu rechten Politikern pflegt und sich vor den Karren der US-Geheimdienste spannen lässt. Aber das machen viele Journalisten hierzulande schließlich auch. Diese Dame ist von international agierenden Werbeagenturen mit viel Geld vor allem für das Publikum im westlichen Ausland zum Medienstar aufgebaut worden. In Kuba kennt sie kaum jemand und sie hat dort auch keinerlei Bedeutung oder Einfluss. Das ist ihren Geldgebern bewusst. Die Funktion der angeblich unabhängigen Blogger und Journalisten besteht bisher vor allem darin, Stichwortgeber für ausländische Medien zu sein. Sie werden von den Mainstream-Medien als »authentische Quelle in Kuba« gebraucht, wenn es darum geht, eine Kampagne oder sonst nicht beweisbare Anschuldigungen mit Zitaten und Berichten zu untermauern. Frau Sánchez verdient viel Geld damit, verlässlich das zu liefern, was die gegen Kuba agierende Propaganda gerade braucht. Das bereits erwähnte neue NED-Programm für Kuba, deutet darauf hin, dass den »unabhängigen Journalisten«

künftig auch im Land selbst eine größere Bedeutung zugedacht ist. Die US-Dienste setzen darauf, dass ihre Möglichkeiten mit der Verbreitung von Internet und »sozialen Medien«, zunehmen.

Die Interamerikanische Pressegesellschaft[15], die im spanischen Sprachgebrauch mit den Buchstaben SIP abgekürzt wird, hat Frau Sánchez im November 2012 zur »Vizepräsidentin der Kommission für Presse- und Informationsfreiheit« für Kuba ernannt. Ihre Aufgabe besteht darin, die »Pressefreiheit in Kuba zu überwachen« und dort die Interessen dieser Organisation zu vertreten. Was ist das für ein Verband?

Die SIP ist der Dachverband der privaten Medienbesitzer auf dem amerikanischen Kontinent. Die Organisation vertritt die Eigentümer von rund 1.300 Publikationen. Das klingt nach Vielfalt, doch die tatsächliche Macht liegt bei wenigen Konzernen. In Lateinamerika beruht die Medienkonzentration vor allem auf Vorteilen, die private Eigentümer durch Unterstützung von Diktaturen erlangt haben. Seit Jahrzehnten betätigt sich die SIP als Mitorganisator faschistischer Staatsstreiche. So etwa beim blutigen Putsch gegen die Unidad-Popular-Regierung Salvador Allendes 1973 in Chile. SIP-Mitglied Augustin Edward hatte mit seiner Tageszeitung »El Mercurio« eine Schlüsselrolle beim Sturz der gewählten Regierung und gehörte danach zu den Unterstützern der Pinochet-Diktatur. Auch Terror und Folter der Militärjunta in Argentinien waren von den in der SIP organisierten Medienbesitzern wohlwollend begleitet worden. Später waren

Volker Hermsdorf (re.) bei einem
ICAP/Cuba Sí-Empfang für die »Cuban Five« im
Februar 2015 in Havanna (2. v.li. Fernando González,
4. v.li. René González, 2. v.re. Antonio Guerrero)

die SIP-Pressezaren an Angriffen auf demokratisch gewählte linke Regierungen in der Region, wie bei den
versuchten Staatsstreichen gegen die Präsidenten Hugo
Chávez von Venezuela (2002) und Rafael Correa von
Ecuador (2010) sowie den illegalen Umstürzen in
Honduras (2009) und Paraguay (2012) als Drahtzieher und Helfer auf Seiten der Putschisten beteiligt. In
Kuba, das als einziges Land der Region das Geschäft
privater Informationsmonopole nicht zulässt, engagieren sich die Medienbesitzer bereits seit mehr als
50 Jahren für die Konterrevolution. Nach dem Sturz
des Diktators Batista im Jahr 1959 setzte die SIP sich
für die Wiederherstellung der alten Machtverhältnisse
und später für die Blockade der USA gegen Kuba ein.
Seit Jahren arbeitet die SIP eng mit der früheren US-
Interessenvertretung (SINA), der heutigen Botschaft

der Vereinigten Staaten in Havanna, zusammen. Wer für diesen Unternehmerverband arbeitet, muss natürlich auch dessen Interessen vertreten. Bezüglich Kuba besteht eines seiner Ziele in der Kommerzialisierung der Medien. Abgesehen von der politischen Beeinflussung wittern die Konzerne ein Geschäft und versuchen deshalb natürlich alles, um auf der sozialistischen Insel langfristig die Zulassung privater Medien zu erreichen.

Offenbar agieren nicht nur die Spitzen der privaten Medienkonzerne, sondern auch eine große Zahl ihrer Mitarbeiter im Interesse ausländischer Regierungen. Trifft es zu, dass viele Journalisten von Geheimdiensten bezahlt werden oder zumindest mit ihnen zusammenarbeiten?

Die geheimdienstliche Zusammenarbeit mit Journalisten, in diesem Gewerbe ist das übrigens keine Seltenheit, wird unter der Rubrik »Einflussagenten« geführt. Im BND nannte man sie zum Beispiel »Sonderverbindungen«. Damit wird ihre Funktion und ihre Bedeutung in den Aktivitäten der Geheimdienste eigentlich treffend charakterisiert. Oft geht es dabei gar nicht so sehr um die Finanzen. Viel lukrativer ist für die Journalisten oft der versprochene oder erwartete Zugang zu »Spitzeninformationen« oder der Platz auf der Liste der Einladungen zu speziellen Informationsrunden bei der Führung der Geheimdienste.[16] Die Dienste zeigen sich gegenüber den ihnen gewogenen Journalisten auf verschiedene Art erkenntlich. Medienvertreter, die dagegen allzu kritisch und offen über die Arbeit von Geheimdiensten wie zum Beispiel über das Bundesamt für

Verfassungsschutz der BRD berichten oder es gar wagen, interne Informationen zu veröffentlichen, laufen Gefahr, verfolgt zu werden. Die Landesverratsermittlungen gegen die Blogger von Netzpolitik.org im Jahr 2015 haben gezeigt, wie schnell das gehen kann. Wie in den Fällen von Julian Assange und Edgar Snowden werden dann oft nicht die Verantwortlichen für illegale Praktiken der Geheimdienste verfolgt, sondern diejenigen, die sie aufdecken und darüber berichten. Während für Kuba mehr Informations-, Presse- und Meinungsfreiheit gefordert wird, werden diese Grundrechte in der Bundesrepublik, Europa und den USA faktisch immer weiter eingeschränkt.

Einige in der früheren US-Interessenvertretung und jetzigen Botschaft ausgebildete Agenten, die sich als Dissidenten oder auch als unabhängige Journalisten bezeichnen, fordern einen »arabischen Frühling« in Kuba. Auch das Wort »Havanna-Maidan« macht die Runde. Das ist ein Szenario zur Vorbereitung einer »sanften Revolution«. Wie läuft so etwas ab? Gibt es so etwas wie ein Drehbuch dafür?

Die Führung der USA betrachtet die Strategie der »sanften« oder »bunten Revolutionen« – im Gegensatz zu Militärinterventionen – als einen »zweiten Weg«, um einen Macht- oder Regimewechsel von innen zu bewirken und den handelnden Kräften logistischen Beistand zu gewähren. In der praktischen Arbeit organisieren die NGOs in den USA und im Ausland Schulungen für »Ausbilder«, die dann vor Ort die Akteure von Demonstrationen und anderen Aktionen trainieren und ihren Einsatz koordinieren. Häufig reisen diese Ausbilder von Land zu Land, von Einsatz zu Einsatz, um die farbigen »Revolutionen« zu organisieren. Dazu gehört die Nutzung der modernen Möglichkeiten der weltweiten Kommunikation und die mit Handy und PC organisierte zeitnahe Verflechtung und Koordinierung der Aktionen. Das sind die besonderen Merkmale dieser Bewegungen und charakterisiert ihre effektiven Möglichkeiten zur Steuerung all dieser Aktionen. Eine nicht unwesentliche Rolle spielte und spielt eine 1993 erstmalig veröffentlichte und bereits in 30 Sprachen übersetzte Broschüre von Gene Sharp, dem Theoretiker der »gewaltfreien Revolutionen«, mit dem Titel: »Von der Diktatur zur Demokratie – Ein Leitfaden für die Befreiung«. Sie wird in Dissidentenkreisen weltweit wie eine Bibel studiert und enthält Handlungsanleitungen zur »gewaltlosen« Beseitigung von Regierungen. Ich empfehle jedem, der sich dafür interessiert, wie bunte Revolutionen vorbereitet, organisiert und durchgeführt werden, das Studium dieses auch in deutscher Sprache erhältlichen Buches. Die Aktivisten der ersten farbigen Revolution in Serbien mit dem Namen »Otpor«, das heißt »Widerstand«, beriefen sich bereits in den 1990er Jahren auf Sharps Theorien, die dieser im Ansatz bereits in seinem 1973 erschienenen Buch »The Politics of nonviolent Action« veröffentlicht hatte. Als Partner für die Durchsetzung seiner Vorstellungen gewann Sharp dann übrigens einen ehemaligen Oberst des US-Geheimdienstes DIA, der »Defense Intelligence Agency«. Dieser Mann heißt Robert L. Helvey und wird in den Medien als »Umsturzhelfer« und »Experte für Revolutionen« bezeichnet. Er rühmt sich damit, zum Sturz der Regierungen in Belgrad, Baku und Kiew beigetragen zu haben. Helvey führt spezielle Schulungen für »NGOs« auf dem Balkan, im Nahen Osten, in Afrika und Lateinamerika durch.

Auf dem Forum von São Paulo haben Ende Juli 2015 über 100 linke Parteien und Organisationen aus 23 Ländern Lateinamerikas und der Karibik vor einer verdeckten Kriegsführung der USA und einer groß angelegten imperialistischen Gegenoffensive gewarnt. Die USA und die internationale Rechte haben danach nicht nur Kuba, sondern alle progressiven Regierungen im Visier. Halten Sie es für möglich, dass Regime-Changes in Lateinamerika – wie in anderen Teilen der Welt – auch mit militärischen Aktionen erzwungen werden?

Natürlich halten sich die imperialistischen Führungskräfte immer noch beide Optionen, die Militärintervention oder eine »sanfte« Konterrevolution, offen. Aber das internationale politische Klima, die Veränderungen im internationalen Kräfteverhältnis machen es den Imperialisten immer schwerer, mit offen-brutaler militärischer Gewalt vorzugehen. Deshalb gibt es ja auch die intensiven Planungen für verschiedene Varianten der nichtmilitärischen Interventionen. Praktische Beispiele von Putschversuchen in Lateinamerika beweisen aber auch, dass solche Aktionen keineswegs gewaltfrei ablaufen.

In der DDR war die Hauptverwaltung Aufklärung, wie Sie sagten, bestens über Ziele und Vorgehens-

weise der gegnerischen Geheimdienste informiert.
Doch diese Erkenntnisse haben das sozialistische System der DDR nicht vor dem Untergang bewahren können. Wo sehen Sie, nach Ihren eigenen Erfahrungen, Möglichkeiten und Grenzen der Aufklärung?

Unsere Erfahrungen aus der Implosion des sozialistischen Systems in Europa beweisen, dass auch der qualifizierteste Geheimdienst ein sich auflösendes politisches System nicht retten kann, wenn die Bevölkerung es mehrheitlich nicht mehr stützt. Das ist eine Frage der Politik, die erstens im Interesse der Bevölkerungsmehrheit agieren und dies zweitens auch transparent und offen vermitteln muss. Wenn dies nicht gelingt oder nicht mehr der Fall ist, kann kein Geheimdienst ein untergehendes System am Leben erhalten. Nur faschistische Diktaturen oder Militärregime, die ihrem Wesen nach die Mehrheit der Bevölkerung sehr bewusst unterdrücken und in Schach halten, können sich, wie Spanien unter Franco, Portugal unter Salazar oder das südafrikanische Apartheid-Regime gezeigt haben, für eine gewisse Zeit mit brutalem Terror behaupten. Bezeichnenderweise wurden alle diese Diktaturen von den USA und anderen westlichen Staaten einschließlich der Bundesrepublik unterstützt. Eine Regierung dagegen, die sich der Mehrheit des Volkes verpflichtet fühlt, ist nur solange stabil, wie eine Mehrheit des Volkes sie – zumindest in weiten Teilen – unterstützt. Dies zu erreichen ist eine Aufgabe der Politik und der Informationsarbeit, nicht aber der Aufklärung. Die Aufklärung ist nie Gestalter der Politik, sondern immer nur ihr Dienstleister. Wenn sich beide Seiten, die politische

Führung und die Führung der Aufklärung, über die
Möglichkeiten und Grenzen dieser Aufgaben- und Ar-
beitsteilung verständigen, dann kann die Aufklärung
die ihr zustehende Rolle, nämlich Entscheidungshilfen
für politische Aktivitäten zu liefern, mit guter Wirkung
wahrnehmen.

**Auf mich als Laien wirkt es so, als würden die kuba-
nische Aufklärung, die Einrichtungen zum Schutz der
sozialistischen Verfassung und der gesellschaftlichen
Ordnung sowie die Sicherheitsbehörden anders arbeiten, als die der früheren DDR. Aufklärer berichten nach deren Beendigung über ihre Einsätze, in ver-
fassungsfeindliche Gruppen infiltrierte Agenten machen ihre Erkenntnisse öffentlich, die Mitglieder der
Kundschaftergruppe Cuban Five werden im Land
und in ganz Lateinamerika als Helden verehrt. Soweit
eben möglich wird der Kampf gegen die Konterrevolution sehr transparent gemacht. Stimmt mein Eindruck und falls ja, was halten Sie davon?**

An Ihrer Beobachtung und Schilderung ist durchaus
etwas dran. Ich habe auch schon in meinen früheren
Kontakten zu Vertretern der kubanischen Aufklärung
diesen politischen Anspruch und die Fähigkeiten zur
offensiven politischen Nutzung von Arbeitsergebnis-
sen der Aufklärung bewundert. Darin scheint mir eine
Stärke der Kubaner zu liegen, die es verstehen, der Bevölkerung zu vermitteln, dass die Aufklärung in ihrem
Interesse erfolgt. Die »Cuban Five« sind ein Beispiel dafür, wie sehr die Bevölkerung sich mit den Aufklärern
und ihrer Arbeit im Interesse der Nationalen Sicherheit

identifiziert. Die Gegenseite – die US-Dienste und US- 0

identifiziert. Die Gegenseite – die US-Dienste und US-Medien, exilkubanische Contragruppen und Systemgegner in Kuba – erlitt mit allen Versuchen, die kubanischen Kundschafter als Spione, Spitzel und Verbrecher zu stigmatisieren, totalen Schiffbruch. Die Aufklärung der DDR war dagegen zu sehr in den politischen Doktrinen der sowjetischen Sicherheitsorgane gefangen, die für einen solchen offensiven und transparenten Umgang mit der Tätigkeit der Aufklärungsorgane sehr hohe Hürden errichtet hatten.

Sie warnen in der letzten Zeit verstärkt vor der Gefahr einer neuen Qualität des Informationskrieges, dem so genannten Cyber Warfare. Was ist darunter zu verstehen und was bedeutet dies im Hinblick auf die Zukunft Lateinamerikas und Kubas?

Die Entwicklungssprünge in der Nutzung der Informationstechnologie eröffneten für die militärischen Strategen neue Einsatzmöglichkeiten. Der virtuelle Raum wurde zu einem neuen Kampffeld erklärt. Mit der Abhängigkeit aller lebensnotwendigen Prozesse von digitalisierten Strukturen öffnen sich völlig neue Möglichkeiten für die Zerstörung der Lebensgrundlagen ganzer Gesellschaften. Das ist eine Folge der Entwicklung der modernen Produktivkräfte. Das Ergebnis ist, dass die Militärstrategen den »virtuellen Raum« als neue strategische Dimension erkannt haben und an vielen Projekten arbeiten, die elektronische Kampfführung weiter zu qualifizieren. Störungen, Manipulierung oder die Ausschaltung der digitalen Lebensnerven können dazu führen, dass ganze Gesellschaften in den Kollaps getrieben werden. Das betrifft global alle Staaten – und damit auch Lateinamerika. Kuba ist durch seine geostrategische Lage in dieser Hinsicht besonders gefährdet – aber das wissen die Experten in der kubanischen Führung sehr genau. Kubas Weg in eine neue Ära versetzt das Land einerseits ökonomisch in die Lage, das Ziel eines wohlhabenden und nachhaltigen Sozialismus zu erreichen. Er ist aber andererseits auch mit neuen Risiken und Gefahren verbunden. Eine Abwehr solcher Gefährdungen kann meiner Ansicht nach vor allem durch eine qualifizierte Aufklärung erreicht werden. Auf diesem Gebiet haben die kubanischen Sicherheitsorgane reiche Erfahrungen. Der Weg zu einer internationalen Gesellschaft, in der Produktivkräfte nicht mehr als destruktive Kräfte genutzt werden, ist leider noch sehr weit.

1 Als Human Intelligence (HUMINT) wird die Erkenntnisgewinnung aus menschlichen Quellen bezeichnet. Die Beschaffung von Informationen mit Hilfe technischer Einrichtungen (Abhören, Videoüberwachung, usw.) wird Signals Intelligence (SIGINT) genannt.

2 Die Central Intelligence Agency (CIA) ist der Auslandsgeheimdienst der USA.

3 Die United States Intelligence Community (IC), zu deutsch »Nachrichtendienstgemeinschaft der Vereinigten Staaten«, ist ein Zusammenschluss von 17 Nachrichtendiensten der USA. Sie wurde am 4. Dezember 1981 auf Erlass des damaligen US-Präsidenten Ronald Reagan gebildet.

4 Das Federal Bureau of Investigation (FBI) ist die zentrale Sicherheitsbehörde der USA, zu der auch der Inlandsgeheimdienst gehört.

5 Die Drug Enforcement Administration (DEA), zu deutsch »Drogenvollzugsbehörde«, ist eine Strafverfolgungsbehörde, die dem US-Justizministerium untersteht.

6 Die Unidad Popular (UP) Chiles war ein Wahlbündnis linker Parteien und Organisationen, das bei den Wahlen am 4. September 1970 mit 36,3 Prozent der Stimmen zur stärksten Kraft wurde. UP-Kandidat Salvador Allende wurde am 24. Oktober 1970 vom Nationalkongress mit Unterstützung der Christdemokratischen Partei zum Präsidenten gewählt. Bei den Parlamentswahlen am 4. März 1973 kam die UP auf einen Stimmenanteil von 43,9 Prozent. Mit Unterstützung und teilweise angeleitet von US-Geheimdiensten putschen rechte Militärs unter der Führung von Augusto Pinochet am 11. September 1973 und errichteten eine blutige Diktatur.

7 Details dazu bei Schwanitz/Grimmer (Hrsg.): Wir geben keine Ruhe – Unbequeme Zeitzeugen II; Rudolf Herz: Chile 1973 und die HVA; S. 341ff.

8 Gemeint sind hier die Anschlage auf das World-Trade-Center und das Pentagon in den USA am 11. September 2001.

9 Am 6. Oktober 1976 explodierte an Bord einer DC-8, dem Flug CU 455 der Cubana de Aviación, kurz nach dem Start in Barbados, eine Bombe. 73 Passagiere und Besatzungsmitglieder wurden von ihr in der Luft zerrissen. Die Behörden von Barbados ermittelten die Exilkubaner Orlando Bosch und Luis Posada Carriles, zwei ehemalige CIA-Agenten, als Täter. Bosch starb 2011 in Miami als freier Mann. Posada Carriles lebte dort noch Ende 2015 unbehelligt.

10 »Alpha 66« ist eine 1961 von Exilkubanern gegründete paramilitärische Terrororganisation mit Hauptsitz in Miami, die zahlreiche Anschläge und Sabotageakte in Kuba verübt hat.

11 »Brigade 2506« ist der Name einer militärischen Einheit von Exilkubanern und angeheuerten Söldnern, die von der CIA für die Invasion in der Schweinebucht ausgebildet wurden. Sie existierte nach der gescheiterten Invasion als terroristische Organisation weiter und ist noch heute aktiv. Bekannte Mitglieder sind unter anderem Luis Posada Carriles, Jorge Mas Canosa (1997 verstorben) und José Basulto, der später die Terrorgruppe »Hermanos al Rescate« gründete und leitete.

12 Die Dirección de Inteligencia Nacional (DINA), zu deutsch »Leitung des Nationalen Geheimdienstes« war von November 1973 bis 1977 die chilenische Geheimpolizei unter Diktator Augusto Pinochet.

13 Die Konrad-Adenauer-Stiftung mischt sich seit Jahren in Kubas innere Angelegenheiten ein und unterstützt mit Geld, Personal und Veranstaltungen konterrevolutionäre Aktivitäten im Land. Anfang 2015 organisierte die KAS zum Beispiel in Mexiko eine Veranstaltung mit dem Titel »Wege zu einem demokratischen Kuba«, an der nach eigenen Angaben »34 Vertreter von 30 verschiedenen Parteien oder zivilgesellschaftlichen Gruppen und Medien der kubanischen Opposition« teilnahmen. Dazu teilte die Stiftung mit, dass der »tatsächliche Konflikt« zwischen der kubanischen Bevölkerung und dem »Castro-Regime« unabhängig von der Wiederannäherung zwischen den USA und Kuba weiter bestehe. Durch die »Stärkung der Zivilgesellschaft« solle daher auch mit Hilfe der KAS, ein »friedlicher Wandel« auf der Insel herbeigeführt werden.

14 Die spanische Prisa-Gruppe ist das größte Medienunternehmen auf dem iberoamerikanischen Markt, der die iberische Halbinsel und Lateinamerika umfasst. Sie ist in 22 Ländern aktiv. Zur Gruppe gehört u.a. die meistgelesene spanische Tageszeitung »El País«, die früher als linksliberal galt, heute aber ein Sprachrohr der Contras geworden ist und Medienkampagnen gegen die Regierungen Kubas und Venezuelas lanciert.

15 Die »Sociedad Interamericana de Prensa« (SIP) wurde 1943 in Havanna gegründet und hat heute ihren Sitz in Miami (USA).

16 Detaillierte Informationen über das Zusammenspiel zwischen Massenmedien und Geheimdiensten hat ein aus vier Journalisten und dem ehemaligen CIA-Agenten Philip Agee bestehendes Autorenteam 1986/1987 in dem lesenswerten Buch »Unheimlich zu diensten – Medienmissbrauch durch Geheimdienste« beschrieben.

Epilog

Kuba steht weiter für die Hoffnung,
dass eine andere Welt möglich ist

Volker Hermsdorf legt mit diesem Buch weitere Gespräche über Kuba vor. Der Blick wird über Politik, Wirtschaft und Gesellschaft hinaus auf die Felder Militär- und Sicherheitspolitik gerichtet.

Seit den Erklärungen Raul Castros und Barack Obamas über ihre Entschlossenheit, die seit 1961 abgebrochenen Beziehungen wieder aufzunehmen, ist gut ein Jahr vergangen. In Washington, der Hauptstadt der USA, und nicht nur am Sitz der Vereinten Nationen in New York, weht die Fahne des sozialistischen Kuba und in Havanna die Staatsflagge der USA. Die jeweiligen Botschaften haben ihre Tätigkeit aufgenommen. Sie wurden eingerichtet. Worauf sie ausgerichtet wurden, wird sich aber noch zeigen müssen. Raul Castro sagte in seiner Rede vor der UNO-Vollversammlung: »Nun beginnt ein langer und komplizierter Prozess zur Normalisierung der Beziehungen.« Er fügte aber hinzu und kennzeichnete den Rahmen des Prozesses, der gewiss auch für die Fortsetzung unserer Solidarität mit Kuba gelten sollte: Normalisierung sei nur zu erreichen, »wenn die Wirtschafts-, Handels- und Finanzblockade gegen Kuba beendet wird, die illegalen propagandistischen Radio- und Fernsehsendungen sowie die anderen Subversions- und Destabilisierungsprogramme gegen Kuba eingestellt werden sowie unser Volk für die

Schäden an Menschen und Wirtschaft entschädigt wird, unter denen es noch heute leidet.« Ein Rahmen, den auch die deutsche Außenpolitik aufnehmen und daraus eigenes Nachdenken ableiten sollte.

Der bundesdeutsche Außenminister Frank-Walter Steinmeier besuchte Kuba im Juli 2015. Wir meinten damals: Besser spät als zu spät. Die Außenminister anderer EU-Staaten und auch der Präsident Frankreichs waren schon vorher zu inhaltsvollen Gesprächen, denen konkrete Vereinbarungen folgten, in Kuba gewesen. Es geht jetzt darum, die Zeichen der Zeit zu verstehen und nicht auf falsche, ideologisch geprägte Formeln ausgerichtet zu bleiben. Die Rede ist von einem Normalisierungsprozess – ohne den Wunsch nach »Wandel durch Annäherung«. Annäherung wird in Lateinamerika durch linke Regierungen gestaltet. Venezuela, Bolivien, Ecuador und viele andere Länder des Doppelkontinents setzen Zeichen neuer Solidarität mit Kuba. Die sozialistische Insel übt heute nicht – wie noch in den 1970er und 1980er Jahren – militärische Solidarität im Ausland, sondern ist in aller Welt besonders im Gesundheitswesen und bei der Bildung als willkommener Helfer äußerst aktiv. Viele zehntausende Kinder – vor allem in den ärmsten Regionen unseres Globus – sind mit Hilfe kubanischer Ärzte und Krankenschwestern auf die Welt gekommen, Millionen Menschen verdanken dem Engagement Kubas ihr Augenlicht und Hunderttausende haben Lesen und Schreiben mit Hilfe kubanischer Lehrerinnen und Lehrer gelernt. Als in Deutschland und den USA über Einsätze zur Bekämpfung der Ebola-Epidemie noch diskutiert wurde, befanden sich über

hundert Helfer aus Kuba bereits in Westafrika vor
Ort.

Wir möchten mit diesem Buch natürlich um Verständnis und Solidarität für Kuba werben; aber wie alle Antworten zeigen, geht es uns um einen größeren Rahmen, der auch in der deutschen Politik zu bedenken wäre. Um nicht in den Verdacht des Missbrauchs von Worten des Papstes bei seinen Predigten auf Kuba zu kommen, seien hier nur einige Worte aus seiner Rede vor dem Kongress der Vereinigten Staaten in Washington am 24. September 2015 zitiert.

»Es ist der grob vereinfachende Reduktionismus, der die Wirklichkeit in Gute und Böse oder, wenn Sie wollen, in Gerechte und Sünder unterteilt. Die heutige Welt mit ihren offenen Wunden, unter denen so viele unserer Brüder und Schwestern leiden, verlangt, dass wir jeder Form von Polarisierung entgegentreten, die eine Aufteilung in diese beiden Kategorien versucht. Wir wissen, dass wir in dem Bestreben, uns von dem äußeren Feind zu befreien, in die Versuchung geraten können, den inneren Feind zu nähren. Den Hass von Tyrannen und Mördern nachzuahmen ist der beste Weg, um ihren Platz einzunehmen. ... Unsere Antwort muss dagegen eine Antwort der Hoffnung und Heilung, des Friedens und der Gerechtigkeit sein.«

Gerade in diesen Zusammenhängen haben die Beiträge des Buches zu militärischen und sicherheitspolitischen Fragen einen wichtigen Platz. Da wird nicht über gestern gesprochen. Hier werden Erfahrungen und Gegenwart zusammengeführt und es wird auf künftige Gefahren verwiesen. Eins ist in beiden Beiträgen gleich: der Hinweis auf die Rolle der USA, ihres

Strebens nach Hegemonie in der Welt und des Einsatzes aller Mittel, wenn es darum geht, diesen Anspruch durchzusetzen. Eine solche Betrachtung ist nicht antiamerikanisch, sondern antiimperialistisch – egal, wer den imperialistischen Ambitionen folgt. Fitz Streletz kennt sich in der Analyse militärischer Strategien ebenso wie in Kuba seit Jahrzehnten aus; er berichtet über einige seiner Erfahrungen und Einschätzungen und beleuchtet wichtige Aspekte möglicher künftiger Herausforderungen.

Ein Fazit bisher besagt wohl: Seitens der USA und vieler EU-Staaten bleiben die Weichen auf einen Systemwechsel in Kuba hin gestellt. Dabei wirken Widersprüche mit. Das sich wirtschaftlich öffnende Kuba weckt die Gier von Profitinteresse und ein wirtschaftlich stärker werdendes Kuba gewinnt neue Kraft für soziale und sozialistische Stabilität. Als politische Waffe im Kampf gegen ein sozialistisches Kuba wird das Thema »Menschenrechte« weiter im Spiel sein. Gerade in diesem Zusammenhang sollte die Gruppe der deutschen Linken mit der Spitze der linken Fraktion nicht durch die Brille des Parlamentspräsidenten und Anderer auf Kuba schauen. Klaus Eichner wischt hier manchen Glanz weg und zeigt, welches Übel dort an der Wurzel wirkt und die unbestreitbaren Erfolge der Kubanischen Revolution gefährdet.

Wir meinen im Ergebnis unserer Gespräche: Kuba steht nach der Aggression in der Schweinebucht und dem Ende des realen Sozialismus in Europa heute vor den größten Herausforderungen seiner Geschichte. Die Antwort aller Freunde Kubas kann nur eine Bestätigung der Worte Che Guevaras sein: »Solidarität ist die Zärtlichkeit der Völker«. Wenn sein Landsmann Papst Franziskus die Kubanerinnen und Kubaner von der Wallfahrtskirche »El Cobre« in Santiago de Cuba aus aufruft, sich »wie Maria von der Zärtlichkeit der Revolution leiten zu lassen«, dann sollten wir als in diesem Sinne linke europäische sozialistische Revolutionäre nicht dahinter zurückbleiben.

Mit dem VII. Parteitag der Kommunistischen Partei Kubas im April 2016 in Havanna erfolgt eine auf der Bilanz des Erreichten und der Analyse der Fehler basierende Orientierung für die weitere Aktualisierung des sozialistischen Prozesses und die Stärkung des Sozialismus. Der bereits angetretene Weg des Generationswechsels wird fortgesetzt und die Hoffnung für Lateinamerika und auch für uns, dass eine andere Welt möglich ist, setzt sich fort. Analysen und Gespräche über den Weg des ersten sozialistischen Landes auf dem amerikanischen Kontinent werden weitergehen und die Solidarität mit Kuba sollte dabei auch uns zuversichtlich und stark machen.

Hans Modrow
Berlin, Dezember 2015

Die Gesprächspartner

Hans Modrow (*1928) geriet 1945 mit 17 Jahren in sowjetische Kriegsgefangenschaft, aus der er 1949 nach Besuch einer Antifa-Schule zurückkehrte. Er engagierte sich im Jugendverband und wurde Sekretär des Zentralrats der FDJ, 1. Sekretär der FDJ-Bezirksleitung Berlin und hatte später verschiedene Funktionen in der Sozialistischen Einheitspartei Deutschlands. Von 1971 bis 1973 leitete er die Abteilung Agitation im ZK der SED, 1973 wurde er zum 1. Sekretär der SED-Bezirksleitung Dresden berufen. Vom 13. November 1989 bis zum 18. März 1990 war Hans Modrow Ministerpräsident der DDR. Er ist der deutsche Politiker mit den längsten Kuba-Erfahrungen. Zum ersten Mal reiste er 1970 mit einer DDR-Delegation auf die sozialistische Karibikinsel. In den letzten 45 Jahren war Modrow insgesamt neun Mal dort, nach dem Ende der DDR unter anderem als Abgeordneter des Bundestags, des Europaparlaments und als Vorsitzender des Ältestenrats der Partei DIE LINKE. Sein Buch »Die Perestroika« gilt als Standardwerk zur Auseinandersetzung mit der Politik Gorbatschows und erschien auch in englischer, spanischer, russischer, chinesischer und bulgarischer Übersetzung. Neben zahlreichen Büchern und Publikationen zu verschiedenen historischen und zeitgeschichtlichen Themen veröffentlichte er 2015 im Verlag Wiljo Heinen (gemeinsam mit Volker Hermsdorf) den Band: »Amboss oder Hammer – Gespräche über Kuba«.

Fritz Streletz (*1926), Generaloberst a.D., stammt aus einer Arbeiterfamilie. Von 1941 bis 1943 besuchte er eine Unteroffiziersvorschule und 1944 eine Unteroffiziersschule. Von Februar 1945 bis Oktober 1948 war er in sowjetischer Kriegsgefangenschaft. 1948 Mitglied der Sozialistischen Einheitspartei Deutschlands (SED) und Eintritt als Wachtmeister in die Deutsche Volkspolizei. Nach zweimaligem Studium in der Sowjetunion 1964 Ernennung zum Generalmajor. Von 1971 bis 1989 Sekretär des Nationalen Verteidigungsrates (NVR) der DDR. 1979 bis 1989 Stellvertretender Minister für Nationale Verteidigung, Chef des Hauptstabes der NVA und Stellvertreter des Oberkommandierenden der Vereinten Streitkräfte des Warschauer Vertrages. Nach Anschluss der DDR juristische Verfolgung aller ehemaligen NVR-Mitglieder in der BRD: 1991 erfolgte seine Verhaftung, danach 28 Monate Untersuchungshaft und anschließende Verurteilung zu einer Freiheitsstrafe von fünf Jahren und sechs Monaten. Haftentlassung im Oktober 1997. Fritz Streletz bekennt sich ungebrochen zum Sozialismus, engagiert sich für die Verbreitung der historischen Tatsachen über die DDR und gegen deren einseitige Herabsetzung. Er verfasste mehrere Bücher und Aufsätze zu zeitgeschichtlichen Themen. Gemeinsam mit zahlreichen weiteren ranghohen ehemaligen NVA-Offizieren initiierte er 2015 den Aufruf »Soldaten für den Frieden«.

Klaus Eichner (*1939) ist ein ehemaliger Oberst der Hauptverwaltung Aufklärung (HVA) des Ministeriums für Staatssicherheit (MfS) des Auslandsnachrichtendienstes der Deutschen Demokratischen Republik. Er erwarb das Abitur an der Erweiterten Oberschule in Windischleuba (Thüringen), wurde Mitglied der Freien Deutschen Jugend (FDJ) und seit 1957 auch der Sozialistischen Einheitspartei Deutschlands (SED). Als Mitarbeiter des MfS wurde Eichner zunächst im Bereich der Spionageabwehr eingesetzt. Nach Fernstudium an der Humboldt-Universität mit Abschluss als Diplom-Jurist wurde er Mitarbeiter im Bereich Aufklärung der HVA. Seit 1974 war er Analytiker in der Gegenspionage (Abteilung IX der HVA), spezialisiert auf Geheimdienste der USA. Von 1987 bis zur Auflösung der HVA Leiter und Chefanalytiker des Bereichs C (Auswertung und Analyse) der Abteilung IX in der Abteilung Gegenspionage. Klaus Eichner ist heute als freier Autor und Publizist tätig und veröffentlichte zahlreiche zeitgeschichtliche Werke, unter anderem über die DDR-Aufklärung, die Tätigkeit der US-Geheimdienste und den Terror gegen fortschrittliche Kräfte in Lateinamerika. Im August 2015 erschien in der edition ost sein Buch über die ehemalige Regierungsdirektorin im Bundesnachrichtendienst, die DDR-Kundschafterin Gabriele Gast: »Agentin in der BRD-Zentrale«.

Volker Hermsdorf (*1951), Journalist und Gewerkschafter, studierte Rechtswissenschaft und Politik an
der Universität Hamburg, war Redakteur der Hambur-
ger Morgenpost und von 1983 bis 2012 der IG Me-
tall-Mitgliederzeitung im Bezirk Küste. Heute arbeitet
er als freier Autor unter anderem für die junge Welt,
Ossietzky und das Medienportal Cubainformación in
Bilbao. Nach verschiedenen Aufenthalten in Südamerika und der Karibik reiste er 1982 zum ersten Mal
nach Kuba und hat die Insel seitdem jährlich besucht.
Seit einigen Jahren verbringt er mehrere Monate pro
Jahr in Havanna und berichtet von der Insel, die ihm
mittlerweile zur zweiten Heimat geworden ist. Über
Kuba veröffentlichte er die Bücher: »Havanna – Kultur,
Politik, Wirtschaft« (Verlag Ossietzky, 2015), »Amboss
oder Hammer – Gespräche über Kuba« (gemeinsam
mit Hans Modrow, Verlag Wiljo Heinen, 2015), »Die
Kubanische Revolution« (PapyRossa Verlag, 2015).

1. Januar 1959: Die von Fidel Castro geführte Rebellenarmee übernimmt die Macht. Der gestürzte Diktator Fulgencio Batista ist kurz zuvor mit 40 Millionen US-Dollar im Gepäck aus Kuba geflohen.

8. Januar 1959: Triumphaler Einzug der Revolutionäre in Havanna. Fidel Castro bekommt die Funktion des »Comandante en Jefe«, des Oberbefehlshabers über die Revolutionären Streitkräfte.

11. Dezember 1959: US-Präsident Eisenhower billigt einen CIA-Plan zum »Sturz Castros innerhalb eines Jahres und den Einsatz einer proamerikanischen Junta«. Der Plan sieht unter anderem »Radioattacken« und den Aufbau »proamerikanischer oppositioneller Gruppen« in Kuba vor.

Februar 1960: Der stellvertretende sowjetische Ministerpräsident Anastas Mikojan besucht Havanna. Die UdSSR gewährt Kuba einen Kredit über 100 Millionen US-Dollar und schließt einen Vertrag zur Lieferung von Öl gegen Zucker.

8. Mai 1960: Havanna und Moskau nehmen die von Batista im Jahr 1952 abgebrochenen diplomatischen Beziehungen wieder auf.

6. Juli 1960: Mit einem Gesetz zum Importverbot kubanischen Zuckers eröffnet US-Präsident Dwight D. Eisenhower den Wirtschaftskrieg der USA gegen Kuba.

6. August 1960: Fidel Castro verkündet die Verstaatlichung von US-amerikanischen Ölfirmen, Elektrizitätswerken und Telefongesellschaften.

28. September 1960: Gründung der Komitees zur Verteidigung der Revolution (CDR)

13. Oktober 1960: Verstaatlichung von Banken und Zuckerbetrieben in Kuba

13.–17. Dezember 1960: Che Guevara besucht die DDR.

3. Januar 1961: Die USA brechen die diplomatischen Beziehungen zu Kuba ab.

11. Januar 1961: In Kuba beginnt die landesweite Alphabetisierungskampagne.

13. April 1961: CIA-Agenten zerstören das beliebte Kaufhaus »El Encanto« in Havanna mit einem Brandsatz. Der Anschlag fordert ein Todesopfer und zahlreiche Verletzte.

15. April 1961: Flugzeuge mit gefälschten kubanischen Hoheitszeichen, die von lateinamerikanischen CIA-Stützpunkten gestartet waren, bombardieren kubanische Militärflughäfen.

16. April 1961: Auf der Trauerfeier für die Opfer vom Vortag warnt Fidel Castro vor einer bevorstehenden Invasion der USA. Mit den Worten »Dies ist die sozialistische und demokratische Revolution der einfachen Leute, von den einfachen Leuten und für die einfachen Leute« verkündet der Comandante en Jefe den sozialistischen Charakter der Kubanischen Revolution.

17. April 1961: Invasion in der Schweinebucht. Rund 1.500 in CIA-Trainingslagern ausgebildete Söldner landen an den Stränden der Playa Girón (Schweinebucht). Die Revolutionären Kubanischen Streitkräfte und Milizen unter der Führung Fidel Castros besiegen die Invasoren innerhalb von 72 Stunden.

22. Dezember 1961: Zum Abschluss der nationalen Alphabetisierungskampagne erklärt sich Kuba zu einem »vom Analphabetismus befreiten Territorium«.

22. Januar 1962: Auf Antrag der USA wird Kuba aus der Organisation Amerikanischer Staaten (OAS) ausgeschlossen.

7. Februar 1962: Nach der gescheiterten Invasion in der Schweinebucht untersagt US-Präsident John F. Kennedy sämtliche Handelsbeziehungen zwischen den USA und Kuba. Zwei Wochen später wird auch die Einfuhr von Produkten aus Drittländern verboten, wenn ein Rohstoff dafür aus Kuba kommt. Seit Oktober 1962 dürfen Schiffe, welche die sozialistische Insel anlaufen, für mindestens sechs Monate nicht in einem US-Hafen festmachen. Ziel der Blockade: Sie solle durch das »Verbot von Lieferungen und Geldzahlungen die Ökonomie schwächen, zu sinkenden Einkommen führen, Hunger, Elend und Verzweiflung erzeugen und so zum Sturz der Regierung beitragen«.

14. März 1962: Die Regierung Kennedy verabschiedet unter dem Namen »Operation Mongoose« ein Programm zur Durchführung von mehr als 30 »Operationen«, die »helfen sollen, das kommunistische Regime zu stürzen«. Zu den Maßnahmen gehören Propagandaaktionen, Anschläge gegen Regierungsmitglieder und die Wirtschaft, der Einsatz von US-Spezialeinheiten für Aktionen in Kuba, Zerstörung von Zuckerrohrfeldern und Fabriken, Verminung von Häfen, Bewaffnung von Oppositionellen und die Vorbereitung einer weiteren Invasion im Oktober 1962.

22. Oktober 1962: Beginn der Raketenkrise. Mit einer von Präsident Kennedy angeordneten Seeblockade wollen die USA den Abzug sowjetischer Nuklearraketen aus Kuba erzwingen. Die Raketen waren von der UdSSR – mit Zustimmung der kubanischen Regierung – aufgestellt worden, um erneute Angriffe der USA auf Kuba zu vereiteln. Moskau und Washington vereinbaren in Geheimverhandlungen den Abzug der Raketen, ohne die kubanischen Politiker und Behörden einzubeziehen. Kennedy versichert im Gegenzug, dass die USA Kuba nicht angreifen werden.

14. Januar 1963: Kuba erkennt die DDR völkerrechtlich an. Die BRD bricht daraufhin gemäß der »Hallstein-Doktrin« die diplomatischen Beziehungen zu Kuba ab.

27. April – 3. Juni 1963: Erster Staatsbesuch Fidel Castros in der Sowjetunion. Nach der Verärgerung Castros über den sowjetischen Alleingang zur Beendigung der Raketenkrise geht es auch um den Aufbau neuen Vertrauens.

April 1965: Che Guevara verlässt Kuba, um die Guerillakämpfer im Kongo zu unterstützen.

28. April 1965: US-Truppen marschieren in der Dominikanischen Republik ein, um eine linke Volkserhebung und eine »kommunistische Gefahr« abzuwenden. Bei den Kämpfen werden über 5.000 Dominikaner getötet. US-Präsident Johnson erklärt: »Wir werden kein weiteres Kuba in der Karibik zulassen.«

3. Oktober 1965: Gründung der Kommunistischen Partei Kubas (PCC). Fidel Castro wird zum Ersten Sekretär des Zentralkomitees gewählt. Er verliest den Abschiedsbrief Che Guevaras und erklärt dessen Abwesenheit.

2. November 1966: Der US-Kongress verabschiedet den »Cuban Adjustment Act«. Nach diesem Gesetz haben kubanische Staatsbürger, die das Territorium der USA erreichen, auch bei »illegaler« Einreise Anspruch auf dauerhaften Aufenthalt.

9. Oktober 1967: Che Guevara wird nach seiner Gefangennahme – auf Anweisung der CIA – durch einen bolivianischen Militärangehörigen erschossen.

18. Oktober 1967: Fidel Castro informiert das kubanische Volk über den Tod Che Guevaras.

14. Oktober 1969: Olof Palme wird in Schweden zum Premierminister gewählt. Der Sozialdemokrat führt Gespräche mit Fidel Castro und nimmt Verhandlungen mit Kuba auf.

21. Oktober 1969: In der Bundesrepublik wird der Sozialdemokrat Willy Brandt Kanzler. Auch er nimmt Verhandlungen mit Kuba und Gespräche mit Fidel Castro auf.

26. Juli 1970: Fidel Castro übernimmt in einer Rede auf dem Platz der Revolution in Havanna die Verantwortung dafür, dass das Ziel der Zuckerrohrernte von zehn Millionen Tonnen nicht erreicht wurde.

4. September 1970: Wahlsieg der linken Volksfront (Unidad Popular) in Chile. Salvador Allende wird zum Präsidenten gewählt.

10. November – 4. Dezember 1971: Fidel Castro besucht Chile.

13. – 21. Juni 1972: Erster Besuch Fidel Castros in der DDR

Juli 1972: Kuba wird Mitglied im Rat für Gegenseitige Wirtschaftshilfe (RGW).

3. Juli 1973: In Helsinki beginnt die Erste Konferenz über Sicherheit und Zusammenarbeit in Europa (KSZE).

11. September 1973: Mit Unterstützung der CIA putschen rechte Militärs gegen die linke Regierung Chiles. Präsident Salvador Allende kommt während der Verteidigung gegen die Putschisten ums Leben.

General Augusto Pinochet errichtet eine Gewalt-
diktatur. Er wird bei der Verfolgung, Folter und Ermordung tausender Oppositioneller von den USA
unterstützt.

Februar 1974: Erster Staatsbesuch Erich Honeckers in
Kuba

18. Januar 1975: Zwölf Jahre nach dem einseitigen
Abbruch durch die BRD nehmen die Bundesrepu-
blik Deutschland und Kuba wieder diplomatische
Beziehungen zueinander auf.

1. August 1975: Unterzeichnung der Schlussakte von
Helsinki

15. Februar 1976: In einem Referendum bestätigt das
kubanische Volk mit überwältigender Mehrheit die
erste sozialistische Verfassung des Landes.

6. Oktober 1976: Nach einer Bombenexplosion stürzt
ein kubanisches Verkehrsflugzeug vor Barbados ins
Meer. 73 Passagiere und Besatzungsmitglieder verlieren ihr Leben. Die Behörden von Barbados er-
mitteln die Exilkubaner und ehemaligen CIA-
Agenten Orlando Bosch und Luis Posada Carriles,
einen ehemaligen CIA-Agenten, als Täter.

April 1977: Zweiter Besuch Fidel Castros in der DDR

1. September 1977: Die USA und Kuba eröffnen
diplomatische Vertretungen (Interessenvertretungen) in Havanna und Washington.

28. Juli – 5. August 1978: XI. Weltfestspiele der Jugend und Studenten in Havanna

19. Juli 1979: Sieg der Sandinistischen Revolution in
Nicaragua

Juni 1980: Zweiter Staatsbesuch Erich Honeckers in
Kuba

2. April – 13. Juni 1982: Krieg um die Islas Malvinas (Falklandinseln) im Südatlantik. Großbritannien besetzt die von Argentinien beanspruchten Inseln.

25. Oktober 1983: Die USA nehmen die von ihnen initiierte Ermordung des linken Premierministers der Karibikinsel Grenada, Maurice Bishop, zum Vorwand für eine militärische Invasion. Bei der Militäraktion werden zahlreiche kubanische Zivilisten, die auf Grenada arbeiten, getötet.

11. März 1985: Michail Gorbatschow wird zum Generalsekretär des ZK der KPdSU gewählt. Er verkündet später eine »neue Politik der Glasnost (Offenheit) und Perestroika (Umbau)«.

26. April 1985: Der Warschauer Vertrag wird um 20 Jahre verlängert.

Februar 1986: Fidel Castro trifft in Moskau mit Gorbatschow zusammen.

26. April 1986: Reaktorunfall in Tschernobyl (Ukraine). Kuba leistet Soforthilfe für Tausende strahlengeschädigte Kinder und nimmt über Jahrzehnte »Tschernobyl-Kinder« zur Behandlung und Erholung in Tarara (Playa del Este) in der Nähe Havannas auf.

26. Juli 1988: In einer Rede zum Nationalfeiertag kritisiert Fidel Castro die Perestroika. Die Politik Gorbatschows bezeichnet er als »gefährlich und den Prinzipien des Sozialismus entgegengesetzt«.

7. Dezember 1988: Vor der UNO-Vollversammlung in New York spricht Gorbatschow über die Umgestaltung der sowjetischen Außenpolitik und eine neue Europapolitik. Er verkündet die einseitige Reduzierung der sowjetischen Streitkräfte um 500.000 Mann.

März 1989: Laut Ungarns Ministerpräsident Miklós Németh gibt Gorbatschow ihm in einem Vier-Augen-Gespräch grünes Licht zur Grenzöffnung.

3. April 1989: Michail Gorbatschow besucht Kuba.

14. Juni 1989: In Havanna werden General Arnaldo Ochoa und andere ranghohe Offiziere des Drogenhandels angeklagt. Ochoa und zwei Mitangeklagte werden zum Tode verurteilt und am 13. Juli erschossen.

26. Juli 1989: Fidel Castro spricht in seiner Rede zum Nationalfeiertag von der Möglichkeit des Untergangs der Sowjetunion und des Sozialismus in Europa. Er erklärt, dass die Revolution in Kuba aber auch unter größten Schwierigkeiten fortgeführt werde.

10. September 1989: Ungarn annulliert zahlreiche Vereinbarungen mit der DDR und öffnet seine Westgrenze für DDR-Bürger. In den nächsten zwei Monaten verlassen auf diesem Weg rund 43.000 Bürger die DDR.

9. November 1989: Öffnung der DDR-Grenzen zur Bundesrepublik und zu Westberlin

24. Februar 1990: Bundeskanzler Helmut Kohl vereinbart in Washington mit US-Präsident George H. W. Bush die Mitgliedschaft eines vereinten Deutschland in der NATO.

31. Mai 1990: Gipfeltreffen von Gorbatschow und Bush in Washington

15. Juli 1990: Verhandlungen zwischen Kohl und Gorbatschow in Moskau und im Nordkaukasus

4. – 6. Juli 1990: Erstes Treffen des von Fidel Castro und Luiz Inácio Lula da Silva initiierten Forums von São Paulo in der gleichnamigen brasilianischen Stadt

29. August 1990: In Kuba wird die »Sonderperiode in Friedenszeiten« ausgerufen.

2. Oktober 1990: Um Mitternacht hört die DDR auf zu existieren.

3. Oktober 1990: Beitritt der DDR zur Bundesrepublik

25. Dezember 1991: Gorbatschow tritt als Präsident der UdSSR zurück. Damit ist deren Ende formal besiegelt. Mit dem Ende der Sowjetunion enden auch die Handelsbeziehungen zu Kuba. Nahezu alle Lieferungen und Importe werden eingestellt.

4. Februar 1992: Hugo Chávez versucht in Venezuela mit einer Gruppe von Offizieren den Präsidenten zu stürzen, wird aber verhaftet und zu zwei Jahren Gefängnis verurteilt.

23. Oktober 1992: Der US-Senat verschärft mit dem Torricelli-Act *(The Cuban Democracy Act)* die Blockade gegen Kuba. Ziel, so die offizielle Begründung, ist die Lahmlegung der kubanischen Ökonomie in einem Ausmaß, das »innerhalb weniger Wochen« zum Sturz des kubanischen Präsidenten Fidel Castro führen soll. Das Torricelli-Gesetz untersagt Tochtergesellschaften amerikanischer Unternehmen im Ausland jeglichen Handel mit Kuba.

Schiffen, die in kubanischen Häfen festmachen, wird eine Sperre von 180 Tagen für das Anlaufen von US-Häfen auferlegt. Außerdem können ausländische Schiffe, die Waren nach oder von Kuba befördern, beschlagnahmt werden, wenn sie sich in US-Gewässern befinden. Das Gesetz verbietet auch, Geldsendungen an Familienangehörige nach Kuba zu schicken und US-Bürgern ist die Einreise nach Kuba bei Strafe untersagt.

27. Juli 1993: Zulassung freier Bauernmärkte in Kuba. Das Verbot des Besitzes ausländischer Währungen wird aufgehoben, Geldsendungen aus dem Ausland erlaubt, privates Kleingewerbe zugelassen. Zur Steigerung der Deviseneinnahmen soll der Tourismus kräftig entwickelt werden.

10. Mai 1994: Der Freiheitskämpfer und ANC-Vorsitzende Nelson Mandela wird der erste schwarze Präsident Südafrikas. Vor Abgesandten aus 170 Ländern hebt der ehemalige Gefangene die besondere Rolle Kubas im Kampf gegen die Apartheid hervor.

11. August 1994: Fidel Castro erklärt, dass kein Kubaner, der dies wünscht, am Verlassen der Insel gehindert wird. Mehrere Tausend »Balseros« versuchen daraufhin, mit Booten und Flößen in die USA zu gelangen.

14. Dezember 1994: Nach Entlassung aus dem Gefängnis wird Hugo Chávez in Havanna von Fidel Castro mit allen Ehren eines Staatsbesuchs empfangen.

24. Februar 1996: Kubanische Jagdflugzeuge schießen zwei in den USA gestartete Flugzeuge der Terrororganisation »Hermanos al Rescate« ab, nachdem diese illegal in kubanischen Luftraum eingedrungen waren, die Identifizierung verweigerten und Aufforderungen zum Verlassen des Luftraums nicht nachgekommen waren.

5. März 1996: Der US-Kongress verabschiedet das Helms-Burton-Gesetz, mit dem die Blockade gegen Kuba nochmals verschärft wird. Sie unterliegt damit nicht mehr der Entscheidungsgewalt des jeweiligen Präsidenten und kann nur durch den Kongress wieder aufgehoben werden. Das Gesetz erweitert die Anwendung der Blockade auf Drittländer, die bei Verletzung mit Sanktionen belegt werden. Obwohl es gegen internationales Recht verstößt, wenden die USA das Gesetz bis heute gegen Banken, Firmen und Institutionen Europas an.

2. Dezember 1996: Auf Initiative des ultrarechten spanischen Ministerpräsidenten José María Aznar beschließt die Europäische Union den »Gemeinsamen Standpunkt«, der seitdem die Kuba-Politik der EU blockiert. In dem Dokument wird ein Systemwechsel auf der sozialistischen Karibikinsel zur Bedingung für die Aufnahme normaler Beziehungen gemacht.

27. Juli – 5. August 1997: XIV. Weltfestspiele der Jugend und Studenten in Havanna

4. September 1997: Der italienische Geschäftsmann Fabio Di Celmo wird durch eine Bombe im Hotel Copacabana in Havanna getötet. Der Anschlag wurde von aus Miami angeleiteten Tätern verübt und ist Teil einer Serie von Terroranschlägen in mehreren Hotels von Havanna und Varadero. Als einer der Hintermänner wird der Terrorist Luis Posada Carriles ermittelt.

21. – 25. Januar 1998: Papst Johannes Paul II. besucht Kuba

6. Mai 1998: Im Auftrag von Fidel Castro informiert Literaturnobelpreisträger Gabriel García Márquez US-Präsident Bill Clinton über weitere Anschlagspläne gegen kubanische Flugzeuge sowie Einrichtungen und Menschen auf der Insel, die von exilkubanischen Terrorgruppen auf dem Boden der USA vorbereitet werden.

12. Juli 1998: Der Terrorist Luis Posada Carriles brüstet sich in einem Interview der New York Times mit der Anschlagsserie gegen kubanische Hotels im Jahr 1997. Er sagt, dass die Terroraktionen von dem Ende 1997 in Miami gestorbenen Exilkubaner Jorge Mas Canosa und dessen Kubanisch-Amerikanischer-Nationalstiftung (FNCA) finanziert wurden.

12. September 1998: Das FBI verhaftet eine Gruppe kubanischer Aufklärer, die in Florida verdeckt in exilkubanischen Terrororganisationen ermittelt hatten, um weitere Anschläge zu verhindern. Seit 1959 waren in Kuba 713 Terroranschläge registriert worden, bei denen rund 3.500 Menschen getötet und mehr als 2.100 verletzt wurden. Zu den Inhaftierten gehören die Aufklärer Antonio Guerrero, Ramón Labañino, Gerardo Hernández sowie René González und Fernando González. Die als »Cuban Five« bekannt gewordene Gruppe hatte bis zu ihrer

Festnahme zahlreiche Gewaltakte gegen Menschen und Einrichtungen in ihrer Heimat aufdecken und verhindern können. Der Grund für ihre Tätigkeit war, dass die Behörden der USA weder gegen die von Miami aus agierenden Terrorgruppen vorgingen, noch bereit waren, bekannte Terroristen festzunehmen.

6. Dezember 1998: Hugo Chávez wird mit 56,5 Prozent zum Präsidenten Venezuelas gewählt.

17. Januar 1999: Erster Staatsbesuch des venezolanischen Präsidenten Hugo Chávez in Kuba

15. November 1999: In Kuba wird auf Initiative Fidel Castros die Lateinamerikanische Schule für Medizin (Escuela Latinoamericana de Medicina, ELAM) gegründet, an der Studenten aus 124 Ländern ausgebildet werden.

6. – 8. September 2000: Der UNO-Milleniumsgipfel in New York beschließt Entwicklungsziele, die bis zum Jahr 2015 erreicht werden sollen und unter anderem die Halbierung des Hungers und der Armut in der Welt vorsehen. Am Rande des Gipfels gibt es ein kurzes Zusammentreffen zwischen US-Präsident William Clinton und Fidel Castro.

November 2000: In Panama wird bei einem Gipfeltreffen ein geplanter Mordanschlag des Terroristen Luis Posada Carriles auf Fidel Castro aufgedeckt. Posada Carriles wird von der panamaischen Polizei verhaftet.

13. – 17. Dezember 2000: Der russische Präsident Wladimir Putin besucht Kuba.

25. – 30. Januar 2001: Unter dem Motto »Eine andere Welt ist möglich« findet in Porto Alegre (Brasilien) das erste Weltsozialforum mit mehr als 30.000 Teilnehmern statt.

11. September 2001: Bei Terroranschlägen auf das World Trade Center in New York und das Pentagon in Washington verlieren rund 3.000 Menschen ihr Leben. Fidel Castro verurteilt die Anschläge und bietet den US-Behörden Unterstützung an.

Januar 2002: Die USA errichten auf ihrem illegalen Marinestützpunkt in Guantánamo einen Gefängniskomplex und beginnen damit, Gefangene aus aller Welt in das berüchtigte Folterzentrum »Camp Delta« zu transportieren.

11. April 2002: In Venezuela putschen Vertreter der rechten Oligarchie mit Unterstützung der USA gegen den gewählten Präsidenten Hugo Chávez. Volk und Militär stehen zu ihrem Präsidenten, der nach kurzer Entführung durch die Putschisten am 14. April in einem Triumphzug wieder in sein Amt zurückkehrt.

21. Mai 2002: US-Präsident George W. Bush lässt Kuba auf die Liste der Staaten setzen, die den Terrorismus fördern.

27. Oktober 2002: Der Gewerkschafter Luiz Inácio Lula da Silva und Gründer der Arbeiterpartei PT wird in Brasilien zum Präsidenten gewählt.

1. Januar 2003: Lula da Silva tritt das Amt des Präsidenten an.

März/April 2003: In Kuba werden über 70 Konter-revolutionäre verhaftet, denen die Zusammenarbeit mit US-Geheimdiensten und die Annahme von Zahlungen der US-Interessenvertretung (SINA) in Havanna nachgewiesen wird.

April 2003: Mehrere Täter kapern eine Hafenfähre und zwingen die Besatzung des nicht hochseetüchtigen Bootes, Kurs aufs offene Meer und die USA zu nehmen. Die Entführer werden festgenommen und drei von ihnen zum Tode verurteilt.

27. April 2003: In Argentinien wird der Politiker Néstor Kirchner mit einem Programm gegen den Neoliberalismus zum Präsidenten gewählt.

Juni 2003: Als »Reaktion« auf die Verhaftung von Konterrevolutionären und der Exekution der drei Bootsentführer verhängt der Rat der Europäischen Union diplomatische Sanktionen gegen Kuba, wie die Einschränkung der kulturellen Zusammenarbeit und der Besuche auf Regierungsebene – bei gleichzeitig engeren Kontakten zu kubanischen »Dissidenten«.

31. Oktober 2003: In Uruguay wird Tabaré Vázquez, der Führer des linken Parteienbündnisses Frente Amplio, zum Präsidenten gewählt.

26. August 2004: Kuba bricht die diplomatischen Beziehungen zu Panama ab, nachdem die scheidende Präsidentin Mireya Moscoso den Terroristen Luis Posada Carriles und drei seiner Komplizen freigelassen hat.

14. Dezember 2004: Gründung der »Bolivarianischen Allianz für die Völker unseres Amerika – Handelsvertrag der Völker« (ALBA–TCP). Das Staatenbündnis will die Zusammenarbeit und Entwicklung der Region durch solidarische Kooperationen und Handelsbeziehungen fördern.

2. April 2005: Papst Johannes Paul II. stirbt im Vatikan.

13. April 2005: Fidel Castro greift die USA scharf an, weil diese dem flüchtigen Terroristen Luis Posada Carriles Unterschlupf gewähren.

19. April 2005: Der deutsche Kardinal Joseph Ratzinger wird zum Papst gewählt und nimmt den Namen Benedikt XVI. an.

24. Juli 2005: Der gemeinschaftlich von Argentinien, Brasilien, Kuba, Uruguay und Venezuela finanzierte Fernsehsender Telesur nimmt in Caracas (Venezuela) den Betrieb auf.

28. September 2005: Die US-Justiz beschließt, den Terroristen Luis Posada Carriles nicht an Venezuela oder Kuba auszuliefern. Der ehemalige CIA-Agent lebt im Miami unbehelligt auf freiem Fuß und organisiert von dort weitere Aktionen gegen die sozialistische Karibikinsel.

4. – 5. November 2005: Auf einem Amerika-Gipfel im argentinischen Mar de Plata scheitert der Plan des US-Präsidenten George W. Bush zur Errichtung einer von den USA abhängigen Freihandelszone (ALCA) von Alaska bis Feuerland.

17. November 2005: Fidel Castro warnt in einer Rede in der Universität von Havanna davor, dass die Kubanische Revolution nicht von außen, wohl aber »von uns selbst« durch »unsere eigenen Schwächen und Fehler« zerstört werden könne.

27. November 2005: Manuel Zelaya wird zum Präsidenten von Honduras gewählt. Während seiner Amtszeit verringert Zelaya die Armut in der Bevölkerung durch Erhöhung des Mindestlohns um 60 Prozent, der Gewährung von Zuschüssen für Kleinbauern und der Kürzung von Zinssätzen der Banken, womit er sich die Feindschaft der Eliten zuzieht.

18. Dezember 2005: Evo Morales, der Führer der Partei »Bewegung zum Sozialismus« (MAS), wird zum Präsidenten Boliviens gewählt.

15. Januar 2006: Die Sozialistin Michelle Bachelet, die während der Pinochet-Diktatur als Emigrantin in der DDR eine Ausbildung zur Kinderärztin abschloss, wird zum zur Präsidentin Chiles gewählt.

1. Mai 2006: Evo Morales gibt die Verstaatlichung der bolivianischen Erdgasvorkommen bekannt.

31. Juli 2006: Nach einer am 27. Juli durchgeführten Notoperation übergibt Fidel Castro seine Ämter zunächst provisorisch an ein siebenköpfiges Gremium unter Leitung seines Stellvertreters Raúl Castro.

3. August 2006: US-Präsident George W. Bush fordert die Kubaner auf, »jetzt den Wechsel« herbeizuführen.

13. August 2006: Zum achtzigsten Geburtstag Fidel Castros veröffentlicht die kubanische Presse nach Wochen erstmals wieder Fotos des langsam genesenden Revolutionsführers.

17. Oktober 2006: US-Präsident George W. Bush erlässt ein Gesetz, das die Folterung jeder »Person, die eine Gefahr für die Nation darstellt« erlaubt.

29. Oktober 2006: Luiz Inácio Lula da Silva wird als Präsident Brasiliens wiedergewählt.

5. November 2006: Daniel Ortega wird zum Präsidenten Nicaraguas gewählt und widmet seinen Sieg Fidel Castro.

26. November 2006: In Ecuador wird der linke Wirtschaftswissenschaftler Rafael Correa zum Präsidenten gewählt.

3. Dezember 2006: In Venezuela wird Hugo Chávez als Präsident wiedergewählt.

10. Dezember 2006: In Santiago de Chile stirbt der ehemalige Diktator Augusto Pinochet.

28. Oktober 2007: In Argentinien wird Cristina Fernández de Kirchner zur Präsidentin gewählt.

18. Februar 2008: Fidel Castro zieht sich endgültig von allen Staatsämtern zurück, bleibt aber Erster Sekretär der Kommunistischen Partei Kubas. Am 24. Februar wird Raúl Castro zum neuen Vorsitzenden des Staatsrats gewählt.

20. Juni 2008: Die Europäische Union hebt die diplomatischen Sanktionen gegen Kuba auf, die sie 2003 nach der Verhaftung von Konterrevolutionären und den Todesurteilen für drei Bootsentführer verhängt hatte.

15. August 2008: In Paraguay wird der frühere Bischof Fernando Lugo, ein Vertreter der Befreiungstheologie, zum Präsidenten gewählt. Er verspricht eine Bildungsreform, mehr Wohnungsbau, die Einführung eines universalen Gesundheitssystems und – zur Bekämpfung der Armut – eine umfassende Landreform, die für eine Umverteilung und mehr Gerechtigkeit sorgen soll. In Paraguay kontrollieren bis dahin fünf Prozent der Bevölkerung 90 Prozent des produktiven Terrains.

25. August 2008: Honduras tritt dem linksgerichteten Bündnis ALBA bei. Der Beitritt wird am 9. Oktober 2008 vom honduranischen Parlament ratifiziert. Nutznießer des Beitritts sind die honduranischen Kleinbauern für die Venezuela Kredite in Höhe von 30 Millionen Dollar gewährt und 100 Traktoren liefert. Außerdem unterstützt Venezuela die honduranischen Programme im Bildungs- und Gesundheitswesen sowie im Wohnungsbau.

20. Januar 2009: Barack Obama tritt das Amt als 44. Präsident der USA an. Er ist der erste Afroamerikaner in diesem Amt.

28. Juni 2009: Bei einem Putsch rechtsgerichteter Militärs in Honduras wird der gewählte Präsident Manual Zelaya gestürzt und über einen von der US-Luftwaffe betriebenen Stützpunkt nach Costa Rica ausgeflogen. Während die internationale Völkergemeinschaft Zelaya weiterhin als einzig rechtmäßigen Präsidenten betrachtet, äußert die deutsche Friedrich-Naumann-Stiftung der FDP »Verständnis« für die Putschisten und unterstützt diese mit mehreren Veröffentlichungen.

10. Dezember 2009: US-Präsident Obama erhält den Friedensnobelpreis.

15. Dezember 2009: Der von den rechtsgerichteten Putschisten in Honduras illegal zum Präsidenten ernannte Unternehmer Roberto Micheletti erklärt den Austritt des Landes aus dem regionalen Bündnis ALBA zum Januar 2010.

23. Februar 2010: Gründung der Gemeinschaft der Lateinamerikanischen und Karibischen Staaten (CELAC). Die Gemeinschaft besteht aus allen 33 souveränen Staaten Amerikas außer Kanada und den USA. Sie repräsentiert eine Gesamtbevölkerung von über 550 Millionen Menschen und erstreckt sich über eine Gesamtfläche von mehr als 20 Millionen Quadratkilometern.

1. März 2010: In Uruguay tritt der frühere Tupamaro-Guerillero José Mujica das Amt des Präsidenten an.

31. Oktober 2010: In Brasilien wird die ehemalige Guerillakämpferin Dilma Rousseff von der Arbeiterpartei PT in einer Stichwahl mit rund 56 Prozent der Stimmen zur Präsidentin gewählt.

1. Januar 2011: Dilma Rousseff tritt das Amt als Präsidentin Brasiliens an.

16. – 19. April 2011: In Havanna findet der VI. Parteitag der Kommunistischen Partei Kubas (PCC) statt. Nach vorangegangener Diskussion auf mehr als 163.000 Versammlungen in Betrieben und Stadtteilen verabschieden die Delegierten 313 Leitlinien (Lineamentos) zur Aktualisierung der sozialistischen Wirtschafts- und Gesellschaftsordnung.

7. Oktober 2011: René González wird als erster der fünf in den USA verhafteten Aufklärer (Cuban Five) wegen guter Führung aus der Haft entlassen. Die verbliebene Reststrafe von zwei Jahren wird für drei Jahre unter Auflagen zur Bewährung ausgesetzt.

20. Oktober 2011: Nach wiederholten Luftangriffen der NATO gegen Libyen wird der Staatschef, Oberst Muammar al-Gaddafi von Söldnern ermordet.

23. Oktober 2011: In Argentinien wird Cristina Fernández de Kirchner mit 53 Prozent der Stimmen als Präsidentin bestätigt. Am 10. Dezember 2011 legt sie den Amtseid ab.

23. – 29. März 2012: Reise von Papst Benedikt XVI. nach Mexiko und Kuba, wo er unter anderem mit Präsident Raúl Castro und dessen Vorgänger, Revolutionsführer Fidel Castro, zu Gesprächen zusammentrifft.

22. Juni 2012: In Paraguay wird Präsident Fernando Lugo durch einen »parlamentarischen Putsch« gestürzt.

25. Oktober 2012: Hurrikan »Sandy« trifft auf die kubanische Küste und richtet schwere Schäden an. Elf Menschen kommen ums Leben, über 171.000 Gebäude erleiden Schäden, 16.000 Wohnungen werden komplett zerstört, weitere 22.000 sind teilweise unbewohnbar. Innerhalb eines Jahres werden 29.400 neue Wohnungen gebaut, die vor allem an bedürftige Bevölkerungsschichten vergeben werden, 150.000 Wohnungen und staatliche Einrichtungen werden repariert.

14. Januar 2013: In Kuba treten die im Oktober 2012 beschlossenen neuen Reiseregelungen in Kraft. Danach brauchen kubanische Bürger für private Auslandsreisen nur noch ihren gültigen Reisepass und ein gegebenenfalls notwendiges Visum des Ziellandes. Die Ausreiseerlaubnis ist abgeschafft.

20. Januar 2013: US-Präsident Barack Obama tritt seine zweite Amtsperiode an.

28. Januar 2013: Kuba übernimmt die jährlich wechselnde Präsidentschaft der Gemeinschaft der Lateinamerikanischen und Karibischen Staaten (CELAC).

3. Februar 2013: Parlamentswahlen in Kuba. Rund 8,6 Millionen Wahlberechtigte sind zur Abstimmung über die Zusammensetzung der Nationalversammlung (Asamblea Nacional) und der 15 Provinzparlamente (Asambleas Provinciales) aufgerufen. Die Nationalversammlung besteht aus 612 Abgeordneten, in den Provinzen werden insgesamt 1.269 Vertreter gewählt.

24. Februar 2013: Konstituierende Sitzung der neuen Nationalversammlung in Kuba. Raúl Castro tritt seine zweite Amtszeit als Präsident des Staats- und Ministerrats an. In seiner Rede kündigt er an, dass dies seine letzte Amtsperiode in dieser Funktion sei.

5. März 2013: Venezuelas Präsident Hugo Rafael Chávez Frías verstirbt in Caracas an den Folgen eines Krebsleidens.

13. März 2013: Nach dem Rücktritt des deutschen Papstes Benedikt XVI. wird mit dem argentinischen Jesuiten Jorge Mario Bergoglio zum ersten Mal ein Lateinamerikaner zum Papst gewählt. Er nimmt den Namen Franziskus an.

14. April 2013: Nicolás Maduro wird mit 50,66 Prozent der Stimmen zum neuen Präsidenten Venezuelas gewählt.

10. Mai 2013: Der Aufklärer René González, der im
April an den Trauerfeierlichkeiten für seinen verstorbenen Vater in Havanna teilgenommen hatte,
darf auf Beschluss eines US-Gerichts nach Rückgabe seiner US-Staatsbürgerschaft dauerhaft in
Kuba bleiben.

5. Dezember 2013: Der Freiheitskämpfer und frühere
Präsident Südafrikas, Nelson Mandela, stirbt in Jo-
hannesburg.

10. Dezember 2013: Erster Händedruck zwischen
US-Präsident Barack Obama und Kubas Präsident
Raúl Castro am Rande der Trauerfeier für Nelson
Mandela.

5. – 7. Januar 2014: Der niederländische Außenminister Frans Timmermans fordert als erster hochrangi-
ger Vertreter eines EU-Landes bei einem Besuch in
Havanna die Normalisierung der Beziehungen zwischen der EU und Kuba.

27. Januar 2014: In der Bucht des rund 45 Kilometer
westlich von Havanna gelegenen Ortes Mariel werden der größte Tiefwasserhafen der Karibik und
eine Sonderwirtschaftszone eröffnet. Zum Areal gehören auch ein Industriezentrum und ein Contai-
nerterminal.

28. Januar 2014: In der kubanischen Hauptstadt eröffnet Raúl Castro am 161. Geburtstag des Natio-
nalhelden José Martí das zweite Gipfeltreffen der
Lateinamerikanischen und Karibischen Staatengemeinschaft CELAC.

27. Februar 2014: Fernando González wird als zweites Mitglied der fünf kubanischen Aufklärer (Cuban Five) nach 15 Jahren, fünf Monaten und 15 Tagen aus der US-Haft entlassen und trifft am 28. Februar in Havanna ein.

7. – 8. März 2014: In der renommierten Londoner »Law Society« fordern 300 Teilnehmer aus 27 Ländern auf einer internationalen Anhörung die Freilassung der drei noch in den USA festgehaltenen Cuban-Five-Mitglieder.

11. März 2014: Die Sozialistin Michelle Bachelet tritt zum zweiten Mal das Amt als Präsidentin von Chile an.

29. März 2014: Das kubanische Parlament verabschiedet ein neues Gesetz über Auslandsinvestitionen, das die Bestimmungen aus dem Jahr 1995 ablöst.

12. April 2014: Zum ersten Mal seit mehr als 30 Jahren besucht ein französischer Außenminister Kuba. Frankreichs Chefdiplomat Laurent Fabius spricht sich bei einem Treffen mit seinem kubanischen Kollegen Bruno Rodríguez in Havanna für eine zügige Normalisierung der Beziehungen zwischen der EU und Kuba aus.

30. April 2014: EU-Unterhändler Christian Leffler informiert in Havanna über die erste Gesprächsrunde zur Normalisierung der Beziehungen mit Kuba. Die kubanische Seite erklärt ihr Interesse am Dialog und betont, dass die Souveränität der Partner und der gegenseitige Verzicht auf Einmischung in deren innere Angelegenheiten dabei gewährleistet sein müsse.

29. Juni 2014: In Kuba tritt das am 29. März 2014 be-
schlossene neue Auslandsinvestitionsgesetz in Kraft.

7. Juli 2014: In Nicaragua wird die konkrete Planung
für einen zweiten Verbindungskanal zwischen dem
atlantischen Ozean und dem Pazifik vorgestellt.
Die Bauarbeiten für die 278 Kilometer lange künst-
liche Wasserstrasse durch Nicaragua sollen danach
zum Jahreswechsel 2014/2015 beginnen. Das Projekt erhöht die Bedeutung des neuen Tiefwasser-
hafens Mariel in Kuba.

11./12. Juli 2014: Russlands Präsident Putin besucht
Kuba. Vor dem Besuch hatte Putin eine Verordnung unterschrieben, nach der Russland der sozialistischen Karibikinsel 90 Prozent der zu Sow-
jet-Zeiten angehäuften Schulden in Höhe von insgesamt rund 35 Milliarden Dollar (26 Milliarden
Euro) erlässt. Der verbleibende Betrag von gut drei
Milliarden Dollar soll in gemeinsame Projekte in
Kuba investiert werden.

21. – 23. Juli 2014: Der Präsident der Volksrepublik
China, Xi Jinping, besucht Kuba. Es werden 29 bi-
laterale Verträge zur Kooperation in Wirtschaft,
Handel, Finanzwesen, Landwirtschaft, Biotechnologie, Kultur und Ausbildung unterzeichnet. Xi
Jinping kündigt an, dass China gemeinsam mit den
anderen BRICS-Ländern die wirtschaftlichen und
politischen Verbindungen zu Kuba verstärken will.

27. August 2014: In Brüssel findet die zweite Verhandlungsrunde über ein Abkommen zur Normalisierung der Beziehungen zwischen der EU und Kuba
statt.

12. Oktober 2014: Evo Morales wird mit 61,36 Prozent der Wählerstimmen als Präsident Boliviens bestätigt. Seine dritte Amtszeit dauert bis 2020. Morales Partei, die »Bewegung zum Sozialismus« (MAS), erreicht für die Legislaturperiode 2015 bis 2020 in beiden Kammern des gesetzgebenden Kongresses erneut eine Zweidrittelmehrheit. Morales widmet seinen Wahlsieg Fidel Castro und Hugo Chávez sowie »allen Völkern Lateinamerikas und der Welt, die gegen den Kapitalismus und den Imperialismus kämpfen«.

26. Oktober 2014: Bei einer Stichwahl wird Brasiliens Präsidentin Dilma Rousseff von der Arbeiterpartei PT mit 51,64 Prozent der Stimmen für vier weitere Jahre im Amt bestätigt.

28. Oktober 2014: Zum 23. Mal in Folge fordert die UN-Generalversammlung in New York die Beendigung der von den USA seit über 50 Jahren gegen Kuba verhängten Wirtschafts-, Handels- und Finanzblockade. Von den 193 Mitgliedsstaaten der Vereinten Nationen votieren – wie im Vorjahr – 188 für den entsprechenden Antrag Kubas, lediglich zwei Länder (die USA selbst und Israel) stimmen dagegen, drei Staaten (die von Washington ökonomisch abhängigen Pazifikstaaten Palau, Mikronesien und die Marshall-Inseln) enthalten sich der Stimme.

29. Oktober 2014: Mit dem britischen Außenminister Hugo Swire reist zum ersten Mal seit zehn Jahren wieder ein Minister aus London nach Kuba.

23. November 2014: Der spanische Außenminister José Manuel García Margallo trifft zu einem mehrtägigen offiziellen Besuch in Havanna ein. In Gesprächen mit kubanischen Regierungsmitgliedern geht es um die Verbesserung der Beziehungen und Wirtschaftsthemen.

30. November 2014: In Uruguay wird Tabaré Vázquez, Führer des Linksbündnisses Frente Amplio (FA), in einer Stichwahl mit 53,6 Prozent der Stimmen zum Präsidenten gewählt. Seine fünfjährige Amtszeit beginnt am 1. März 2015. Vázquez hatte diese Position erstmals von 2005 bis 2010 inne. Bei den Parlaments-Wahlen am 26. Oktober hatte die FA bereits die absolute Mehrheit im Abgeordnetenhaus errungen und konnte auch im Senat ihre Mehrheit behaupten. Dort zieht auch der bisherige Präsident José Mujica ein, der nach der Verfassung des Landes 2014 nicht erneut für das Amt kandidieren durfte.

17. Dezember 2014: Die drei noch in US-Gefängnissen festgehaltenen Aufklärer der »Cuban Five« (Antonio Guerrero, Gerardo Hernández und Ramón Labañino) werden nach über 16 Jahren aus der Haft entlassen und kehren nach Kuba zurück. Gleichzeitig schiebt Kuba zwei US-Topspione in die USA ab. Parallel dazu kündigen der kubanische Präsident Raúl Castro und US-Präsident Barack Obama in zeitgleich ausgestrahlten Fernsehansprachen die Absicht ihrer Regierungen an, die 1961 von den USA einseitig abgebrochenen diplomatischen Beziehungen wieder aufzunehmen und einen Prozess der »Normalisierung« einzuleiten.

22. Dezember 2014: In Nicaragua beginnen die Bauarbeiten am neuen Kanal zwischen dem Atlantik und dem pazifischen Ozean.

1. Januar 2015: Kuba begeht den 56. Jahrestag der Revolution. Alle fünf Mitglieder der Aufklärergruppe »Cuban Five« nehmen an den Revolutionsfeiern teil.

22. Januar 2015: In Havanna werden die Gespräche zur Normalisierung der bilateralen Beziehungen zwischen Kuba und den USA aufgenommen. Die USA werden von Roberta Jacobson, Vizeaußenministerin für Lateinamerika, Kuba von der US-Expertin im Außenministerium, Josefina Vidal Ferreiro vertreten.

26. Januar 2015: Revolutionsführer Fidel Castro bringt in einem Brief an den Studierendenverband FEU sein Misstrauen gegenüber den Vereinigten Staaten zum Ausdruck, spricht sich aber zugleich auch für eine friedliche Beilegung von Konflikten aus. »Ich traue der Politik der Vereinigten Staaten nicht, ... doch das bedeutet keineswegs, dass ich eine friedliche Lösung der Konflikte oder der Kriegsgefahren ablehne«, schreibt Castro.

28. Januar 2015: Auf einem Gipfeltreffen des Staatenbündnisses CELAC in Bélen (Costa Rica) unterstreicht Raúl Castro den Wunsch Havannas nach einer Normalisierung der Beziehungen zu Washington. Voraussetzung dafür seien aber unter anderem die Beendigung der Blockade, die Rückgabe des besetzten Territoriums in der Bucht von Guantánamo, die Einstellung der subversiven US-Aktivitäten gegen Kuba, eine Wiedergutmachung für die durch die Blockade verursachten Schäden sowie die

Streichung Kubas von Washingtons Liste der den
Terrorismus unterstützenden Länder.

10. Februar 2015: Südkoreas Außenminister Yun Byung-se kündigt in Seoul die Normalisierung der 1961 abgebrochenen Beziehungen zu Kuba an.

13. Februar 2015: Russlands Verteidigungsminister Sergei Shoigu macht auf einer Lateinamerikareise zu Gesprächen über wirtschaftliche und militärische Zusammenarbeit in Havanna Station.

23. Februar 2015: Das X. Plenum des Zentralkomitees der Kommunistischen Partei Kubas tagt in Havanna. Es beschließt unter anderem die Erarbeitung eines neuen Wahlgesetzes bis zu den nächsten Parlamentswahlen (2018) und erklärt die Einberufung des VII. Parteitags der KP Kubas zum 16. April 2016.

27. Februar 2015: Zweite Verhandlungsrunde zur Normalisierung der Beziehungen zwischen Kuba und den USA in Washington

1. März 2015: Der im Dezember 2014 zum neuen Präsidenten von Uruguay gewählte Tabaré Vázquez legt in der Nationalversammlung in Montevideo seinen Amtseid ab.

12. März 2015: Italiens Außenminister Paolo Gentiloni wird in Havanna von seinem kubanischen Amtskollegen Bruno Rodríguez empfangen.

4./5. März 2015: Dritte Gesprächsrunde zwischen Vertretern Kubas und der EU in Havanna mit dem Ziel, einen Vertrag über politischen Dialog und Zusammenarbeit zu erarbeiten

12. März 2015: Die Commerzbank, die zweitgrößte Bank Deutschlands, verpflichtet sich wegen angeblicher Verstöße gegen die US-Blockade bei Geschäften mit Kuba 1,45 Milliarden Dollar (1,3 Milliarden Euro) Strafe an die USA zu zahlen.

16. März 2015: Dritte Verhandlungsrunde zur Normalisierung der Beziehungen zwischen Kuba und den USA in Havanna

23./24. März 2015: Die Hohe Vertreterin der EU für Außen- und Sicherheitspolitik und Vizepräsidentin der Europäischen Kommission, Federica Mogherini, führt in Havanna Gespräche mit Repräsentanten der kubanischen Regierung. Ihr Besuch sei ein »politischer Impuls«, um den im April vergangenen Jahres begonnenen Dialog zur Normalisierung der Beziehungen zwischen der EU und Kuba voranzutreiben, erklärt die Chefdiplomatin.

24. März 2015: Der russische Außenminister Sergej Lawrow kündigt in Havanna »große gemeinsame Projekte im Energiebereich und in der zivilen Luftfahrt« an. Außerdem seien weitere »bedeutende Kooperationen« in den Bereichen der Biotechnologie, der pharmazeutischen Produktion sowie im Gesundheits- und Verkehrswesen geplant.

27. März 2015: 25 Jahre nach seiner ersten Fernsehausstrahlung fordert die Aufsichtsbehörde des staatlichen US-Propagandasenders »Radio und TV Martí« mit Sitz in Miami für 2016 eine Erhöhung des Jahresbudgets um zwölf Prozent auf 30,3 Millionen Dollar. In das Projekt zur Destabilisierung Kubas sind seit dessen Gründung mehr als 770 Millionen Dollar Steuergelder geflossen. Kubas

Präsident Raúl Castro: »Solange diese Radio- und Fernsehübertragungen, die Internationales Recht verletzen, nicht aufhören, wird eine Normalisierung der bilateralen Beziehungen nicht möglich sein.«

10. April 2015: In Panama beginnt der von der Organisation Amerikanischer Staaten (OAS) ausgerichtete 7. Amerika-Gipfel, an dem alle lateinamerikanischen und karibischen Länder sowie die USA und Kanada teilnehmen. Zum ersten Mal ist auch Kuba eingeladen, das 1962 auf Druck der USA aus allen Gremien und Treffen der OAS ausgeschlossen worden war. Bis zuletzt hatten die USA und Kanada versucht, die Teilnahme der sozialistischen Insel an dem Treffen in Panama zu verhindern, waren aber am Widerstand der anderen 33 Länder des Kontinents gescheitert. Am Abend begrüßen sich Raúl Castro und Barack Obama mit einem Händedruck. Die Rede Raúl Castros an diesem Tag erhält den längsten Beifall des Gipfels.

11. April 2015: Kurz vor Ende des Amerika-Gipfels in Panama findet ein Gespräch zwischen Raúl Castro und Barack Obama statt.

14. April 2015: US-Präsident Barack Obama informiert den Kongress, dass er Kuba nach 13 Jahren von der US-Liste der den Terrorismus fördernden Staaten streichen will. Der Kongress hat 45 Tage Zeit für eine Stellungnahme. Nach Ablauf dieser Frist tritt die Entscheidung in Kraft.

19. April 2015: In Kuba sind rund 8,5 Millionen Bürger zu den alle zweieinhalb Jahre stattfindenden Kommunalwahlen aufgerufen.

20. April 2015: Die Nationale Wahlkommission (CEN) informiert, dass mehr als 7,5 der rund 8,5 Millionen Wahlberechtigten an den Kommunalwahlen in Kuba teilgenommen haben. Mit 88,3 Prozent habe die Beteiligung etwas unter der bei den letzten Kommunalwahlen im Oktober 2012 (91,9 Prozent) gelegen. Zwei im Stadtteil Vedado und in der Gemeinde Arroyo Naranjo angetretene Systemgegner erhielten deutlich weniger Stimmen als ihre Mitbewerber. Laut CEN stieg der Anteil der weiblichen Abgeordneten auf 34,9 Prozent, 14,9 Prozent der künftigen Delegierten sind Jugendliche. 63.400 Jungwähler ab 16 Jahren nahmen zum ersten Mal an einer Wahl teil.

20. April 2015: Zum Auftakt einer Europareise trifft der kubanische Außenministers Bruno Rodríguez in Paris ein.

22. April 2015: Havannas Außenminister Bruno Rodríguez und EU-Außenbeauftragte Federica Mogherini vereinbaren in Brüssel, die Verhandlungen zwischen der EU und Kuba zu beschleunigen.

29. April 2015: Mit Fumio Kishida trifft zum ersten Mal seit der Aufnahme diplomatischer Beziehungen im Jahr 1929 ein japanischer Außenminister in Havanna ein. Kishida, der auch von Revolutionsführer Fidel Castro empfangen wurde, hält sich in Begleitung einer hochkarätigen Wirtschaftsdelegation in Kuba auf.

1. Mai 2015: Erstmals nehmen alle Mitglieder der Aufklärergruppe »Cuban Five«, die alle mit dem Titel »Held der Republik Kuba« geehrt wurden, an der Demonstration zum 1. Mai in Havanna teil.

6. Mai 2015: Nach einem dreitägigen Staatsbesuch in Algerien trifft Raul Castro in Moskau zu bilateralen Gesprächen mit Russlands Ministerpräsidenten Dmitri Medwedew zusammen.

9. Mai 2015: Der kubanische Präsident Raúl Castro nimmt in Moskau gemeinsam mit dem venezolanischen Präsidenten Nicolás Maduro an der Parade aus Anlass der Feiern zum 70. Jahrestag des Sieges der Roten Armee über den deutschen Faschismus teil.

10. Mai 2015: Raúl Castro wird von Papst Franziskus zu einer Privataudienz im Vatikan und danach in Rom vom italienischen Ministerpräsidenten Matteo Renzi empfangen.

10. Mai 2015: Der französischer Präsident François Hollande trifft in Havanna ein. Der als »historisch« bezeichnete Besuch Hollandes ist der erste Aufenthalt eines französischen Staatsoberhaupts auf der Karibikinsel.

11. Mai 2015: François Hollande fordert in der Universität von Havanna zur Beendigung der US-Blockade auf. Sein Land werde alles tun, »damit die Maßnahmen, die Kubas Entwicklung so sehr geschadet haben, endlich aufgehoben werden«, sagte er vor seinem Zusammentreffen mit Präsident Raúl Castro.

19./20. Mai 2015: Offizieller Staatsbesuch von Tomislav Nikolic, Präsident der Republik Serbien, in Kuba

21./22. Mai 2015: Vierte Verhandlungsrunde zur Normalisierung der Beziehungen zwischen Kuba und den USA in Washington

29. Mai 2015: Um Mitternacht läuft die 45tägige Einspruchsfrist des Kongresses gegen die Streichung Kubas von der US-Terrorliste ab. Mit der Veröffentlichung im US-Amtsblatt »Federal Register« tritt die neue Regelung am 1. Juni formal in Kraft.

10./11. Juni 2015: Gipfeltreffen der 28 EU-Mitglieder mit den Vertretern der 33 Länder der »Gemeinschaft der Lateinamerikanischen und Karibischen Staaten« (CELAC) in Brüssel. Im Schlusskommuniqué kritisierten alle Teilnehmer die »exzessiven humanitären Auswirkungen« der seit 1962 von den USA aufrechterhaltenen Blockade »für das kubanische Volk«. Die Sanktionen behinderten auch »die legitime Entwicklung der wirtschaftlichen Beziehungen zwischen Kuba, der Europäischen Union und anderen Ländern«, heißt es in der Resolution.

15./16. Juni 2015: Vierte Verhandlungsrunde zwischen Vertretern Kubas und der EU in Brüssel

1. Juli 2015: Die Präsidenten Raúl Castro und Barack Obama kündigen die Wiederaufnahme diplomatischer Beziehungen und die Eröffnung von Botschaften ab dem 20. Juli 2015 an.

16. – 18. Juli 2015: Reise von Bundesaußenminister Frank-Walter Steinmeier nach Kuba. In einem Gespräch mit Raúl Castro geht es um die Zusammenarbeit beider Länder auf wirtschaftlichem Gebiet. Bei einem Treffen mit Außenminister Bruno Rodríguez werden zwei Abkommen über die politische, kulturelle und wirtschaftliche Zusammenarbeit unterzeichnet.

20. Juli 2015: Feierliche Eröffnung der kubanischen Botschaft in Washington. Beim Empfang durch seinen Amtskollegen John Kerry im State Department fordert Außenminister Bruno Rodríguez erneut »die Beendigung der völkerrechtswidrige Wirtschafts-, Handels- und Finanzblockade« als unverzichtbare Voraussetzung für normale Beziehungen zwischen beiden Ländern.

24. Juli 2015: Der auf eine Initiative von Fidel Castro und Hugo Chávez gegründete und – am 222. Geburtstag des Unabhängigkeitskämpfers Simón Bolívar – zehn Jahre zuvor erstmals auf Sendung gegangene lateinamerikanische Fernsehsender »Televisión del Sur« (Telesur) feiert Jubiläum. Anteilseigner des alternativen linken Nachrichtenkanals sind Venezuela, Argentinien, Bolivien, Ecuador, Kuba, Nicaragua und Uruguay.

1. August 2015: In Mexiko-Stadt endet das 21. Treffen des »Forums von São Paulo«, auf dem Vertreter von 104 linken Parteien und Organisationen aus 23 Ländern Lateinamerikas und der Karibik, sowie Gäste aus Europa, Asien und Afrika Konzepte zur Stärkung der fortschrittlichen Kräfte in der Region beraten haben. Die Teilnehmer rufen zu Solidarität und Geschlossenheit bei der Abwehr der »neoliberalen imperialistischen Gegenoffensive« auf, mit der versucht werde, linke Regierungen gewaltsam zu stürzen.

14. August 2015: US-Außenminister John Kerry weiht in Havanna die wiedereröffnete Botschaft seines Landes mit einem Festakt offiziell ein. Es ist der erste Besuch eines US-amerikanischen Außenministers in Kuba seit 1945.

9./10. September 2015: Fünfte Verhandlungsrunde zwischen Vertretern Kubas und der EU in Havanna

11. September 2015: US-Präsident Barack Obama verlängert das »Gesetz über den Handel mit dem Feind« um ein weiteres Jahr. Diese im Jahr 1917 erlassene Verordnung ermächtigt den Staatschef, den Handel, finanzielle Transaktionen und den Reiseverkehr mit Ländern zu untersagen, die als »feindlich« eingestuft werden. Als einziges Land der Welt fällt nur noch Kuba unter diese Bestimmung. Das Gesetz ist auch die juristische Grundlage für die seit 1962 gegen die Karibikinsel verhängte Wirtschafts-, Handels- und Finanzblockade.

19. – 21. September 2015: Der erste lateinamerikanische Papst Franziskus besucht Kuba. Nach Ankunft in Havanna und Gesprächen mit Präsident Raúl Castro sowie dessen Bruder und Vorgänger, Revolutionsführer Fidel Castro, feiert der Papst Messen in der Hauptstadt sowie in den ostkubanischen Städten Holguín und Santiago de Cuba.

22. – 26. September 2015: Besuch von Papst Franziskus in den USA. Auf dem Programm steht unter anderem ein Gespräch mit US-Präsident Barack Obama. Außerdem hält Franziskus als erster Papst eine Rede vor dem Kongress der USA und spricht ebenfalls in der Generalversammlung der Vereinten Nationen.

23. Oktober 2015: In Havanna reichen sich der kolumbianische Präsident Juan Manuel Santos und der oberste Befehlshaber der »Revolutionären Streitkräfte Kolumbiens« (FARC), Timoleón Jiménez (Comandante Timochenko), erstmals die Hand und unterzeichnen ein Abkommen über die juristische Aufarbeitung des bewaffneten Konflikts, in dem sich beide Seiten seit mehr als einem halben Jahrhundert gegenüberstehen. Beide Seiten betonen ihren Wunsch nach einem Friedensvertrag.

25. – 29. September 2015: Reise des kubanischen Präsidenten Raúl Castro nach New York. Bei seiner Ansprache am ersten Tag der UN-Generaldebatte erhält Castro den längsten Applaus aller Redner. Castro konferiert mit zahlreichen Staats- und Regierungschefs und ist auch bei der Aufnahme diplomatischer Beziehungen Kubas mit den Marshallinseln und Palau dabei.

25. Oktober 2015: In einer Stichwahl wird der TV-Komiker Jimmy Morales von der Partei Nationale Konvergenz/Nationale Bewegung (FCN-Nación) zum Präsidenten von Guatemala für die Legislaturperiode 2016 bis 2020 gewählt. Bei einer Wahlbeteiligung von 56 Prozent erhält der politische Quereinsteiger 67 Prozent der gültigen Stimmen. Morales, der am 14. Januar 2016 sein Amt antritt, steht dem ultrarechten Flügel des Militärs nahe. Sein wirtschaftspolitisches Programm entspricht den Vorstellungen des reaktionären Unternehmerverbandes CACIF.

25. Oktober 2015: Bei Präsidentschaftswahlen in Argentinien gewinnt das Regierungslager die Mehrheit der Stimmen. Daniel Scioli, Kandidat der Regierungskoalition FPV von Amtsinhaberin Cristina Fernández, erreicht 36,9 Prozent. Er verfehlt damit aber die für einen Sieg in der ersten Runde notwendige absolute Mehrheit und muss am 22. November in einer Stichwahl gegen den Konservativen Mauricio Macri (34,5 Prozent) antreten.

27. Oktober 2015: Mit dem Rekordergebnis von 191 der 193 Mitgliedsländer der Vereinten Nationen fordert die UN-Generalversammlung in New York – bei den üblichen zwei Gegenstimmen der USA und Israels – zum 24. Mal in Folge die Beendigung der US-Blockade gegen Kuba. Die drei pazifischen Inselstaaten Mikronesien, Palau und die Marshallinseln, die sich im Vorjahr noch der Stimme enthalten hatten, votieren wie die übrigen UN-Mitgliedsländer für die von Kuba eingebrachte Resolution.

27./28. Oktober 2015: Als erster Regierungschef Italiens stattet Ministerpräsident Matteo Renzi Kuba einen offiziellen Staatsbesuch ab. Renzi trifft mit Präsident Raúl Castro zusammen und setzt sich auf einem Wirtschaftsforum in Havanna für verstärkte Investitionen seines Landes auf der sozialistische Karibikinsel ein.

22. November 2015: In der Stichwahl um das Präsidentenamt in Argentinien setzt sich der konservative Kandidat Mauricio Macri mit 51,4 Prozent knapp gegen seinen linksliberalen Kontrahenten Daniel Scioli (48,6 Prozent) durch. Der Unternehmer kündigt einen »Epochenwechsel« für das südamerikanische Land an. Auch außenpolitisch will Macri einen anderen Kurs einschlagen. Als erstes distanzierte er sich von der Regierung in Venezuela. Im Parlament hat Macri jedoch weiterhin keine Mehrheit. Dort erreichte sein Bündnis nur 89 der 257 Sitze. Die bisherige peronistische Regierungskoalition »Frente para la Victoria« (FPV) stellt 107 Abgeordnete.

1./2. Dezember 2015: Sechste Verhandlungsrunde zwischen Vertretern Kubas und der EU in Brüssel

6. Dezember 2015: Bei der Parlamentswahl in Venezuela gewinnt das rechte Oppositionsbündnis »Tisch der Demokratischen Einheit« (MUD) 109 der 167 Abgeordnetenmandate in der Nationalversammlung. Die regierende Sozialistische Partei (PSUV) und ihre Verbündeten erreichen lediglich 55 Sitze und verlieren nach 16 Jahren ihre Mehrheit im Parlament. Zu den 109 Sitzen des MUD kommen drei Mandate der indigenen Gruppen des Landes hinzu, wo sich ebenfalls rechte Kandidaten durchgesetzt haben. Mit dem Satz »Die Konterrevolution und der Wirtschaftskrieg gegen Venezuela haben gewonnen«, erkennt Präsident Nicolás Maduro das Ergebnis umgehend an. Mit ihrer Mehrheit kann die Rechte unter anderem eine Änderung der Verfassung beschließen, die allerdings in einer Volksabstimmung bestätigt werden müsste. Maduro warnt vor Angriffen auf Sozialreformen. Die neue Nationalversammlung, die am 5. Januar 2016 erstmals zusammentritt, ist für die Dauer von fünf Jahren gewählt.

Quellen- und Literaturverzeichnis

Agee, Philip, Aust, Stefan, Bissinger Manfred,
    Jürgens Ekkehardt, Spoo, Eckart: Unheimlich
    zu Diensten – Medienmissbrauch durch
    Geheimdienste, Steidl Verlag, Göttingen 1987

Agee, Philip: CIA Intern – Tagebuch 1956–1974,
    Europäische Verlagsanstalt, Hamburg 1981
    (2. Auflage)

Boron, Atilio A.: América Latina en la Geopolítica
    Imperial, Eiditorial Ciensias Sociales,
    La Habana 2014

Brzezinski, Zbigniew: Die einzige Weltmacht –
    Amerikas Strategie der Vorherrschaft,
    Fischer Taschenbuch Verlag,
    Frankfurt am Main 1999

Calloni, Stella: Operation Condor (Lateinamerika
    im Griff der Todesschwadronen), Zambon Verlag,
    Frankfurt am Main 2010

Calvo Ospina, Hernando und Declerq, Katlijn:
    Originalton Miami, PapyRossa Verlag, Köln 2001

Castro, Fidel und Ramonet, Ignacio: Fidel Castro –
    Mein Leben, Rotbuch Verlag, Berlin 2008

Chomsky, Noam: Hybris – Die endgültige Sicherung
    der globalen Vormachtstellung der USA, Europa
    Verlag, Hamburg 2003

Chomsky, Noam: Der Terrorismus der westlichen
    Welt – Von Hiroshima bis zu den Drohnenkriegen,
    Unrast Verlag, Münster 2014

Chomsky, Noam: Profit Over People – War
    Against People – Neoliberalismus und
    globale Weltordnung, Menschenrechte und
    Schurkenstaaten, Piper Verlag, München 2006

Corvalán, Luis: Gespräche mit Margot Honecker über
    das andere Deutschland, Verlag Das Neue Leben,
    Berlin 2001

Eichner, Klaus: Imperium ohne Rätsel, edition ost,
    Berlin 2014

Eichner, Klaus: Operation Condor,
    Verlag Wiljo Heinen, Berlin 2009

Fuson, Robert H. (Hrsg.): Das Logbuch des
    Christoph Kolumbus, Gustav Lübbe Verlag,
    Bergisch Gladbach 1989

Galeano, Eduardo: Die offenen Adern Lateinamerikas,
    Peter Hammer Verlag, Wuppertal 1981
    (2. Auflage)

García Iturbe, Nestor und Sotolongo, Osvaldo Felipe:
    Subversión Político Ideológica – Made in USA,
    Eiditorial Ciensias Sociales, La Habana 2012

Golinger, Eva und Migus, Romain: La Teleraña
    Imperial – Enciclopedia de Injerencia y
    Subversión, Eiditorial Ciensias Sociales,
    La Habana 2010

Grimmer, Reinhard und Schwanitz, Wolfgang
    (Hrsg.): Wir geben keine Ruhe – Unbequeme
    Zeitzeugen Bd. II, verlag am park in der
    edition ost, Berlin 2015

200 Hermsdorf, Volker und Modrow, Hans: Amboss
oder Hammer. Gespräche über Kuba,
Verlag Wiljo Heinen, Berlin und Böklund 2015

Hermsdorf, Volker: Havanna. Kultur – Politik –
Wirtschaft, Ossietzky Verlag, Dähre 2015

Hermsdorf, Volker: Die Kubanische Revolution,
PapyRossa Verlag, Köln 2015

Hirschmann, Kai: Geheimdienste, Europäische
Verlagsanstalt, Hamburg 2004

Huhn, Klaus: Massenmord am karibischen Himmel,
Verlag Wiljo Heinen, Böklund 2008

Huhn, Klaus: Waterloo in der Schweinebucht, Verlag
Das Neue Berlin, Berlin 2011

Keßler, Heinz und Streletz, Fritz: Ohne die Mauer
hätte es Krieg gegeben, edition ost, Berlin 2011
(2. Auflage)

Klein, Naomi: Die Schock-Strategie – Der Aufstieg
des Katastrophen-Kapitalismus, S. Fischer Verlag,
Frankfurt am Main 2007

Langer, Heinz: Kuba – Die lebendige Revolution,
Verlag Wiljo Heinen, Böklund 2007

Langer, Heinz: Mit Bedacht, aber ohne Pause,
Verlag Wiljo Heinen, Berlin 2011

Lenin, W.I.: Der Imperialismus als höchstes Stadium
des Kapitalismus, In: Ausgewählte Werke Bd. 1,
Dietz Verlag, Berlin 1967

LeoGrande, William M. und Kornbluh, Peter:
Back Channel to Cuba: The Hidden History
of Negotiations between Washington and
Havana, The University of North Carolina Press,
Chapel Hill (North Carolina), 2014

LeoGrande, William M. und Morín Nenoff,
Jenny: Wenn Schweine fliegen: Ein neuer
Kurs für die US-kubanischen Beziehungen,
Rosa-Luxemburg-Stiftung,
Mexico und New York 2015

Modrow, Hans: Die Perestroika – wie ich sie sehe,
edition ost, Berlin 1998

Modrow, Hans und Schulz, Dietmar (Hrsg.):
Lateinamerika, eine neue Ära?, Karl Dietz Verlag,
Berlin 2008

Sánchez Espinosa, Iroel: Sospechas y disidencias,
Ediciones Abril, La Habana 2012

Schäfer, Horst: Im Fadenkreuz: Kuba,
Kai Homilius Verlag, Berlin 2004

Sharp, Gene: Von der Diktatur zur Demokratie – Ein
Leitfaden für die Befreiung (Das Lehrbuch zum
gewaltlosen Sturz von Diktaturen),
Verlag C.H. Beck, München 2014 (4. Auflage)

Ziegler, Jean: Der Hass auf den Westen – Wie sich die
armen Völker gegen den wirtschaftlichen Weltkrieg
wehren, Wilhelm Goldmann Verlag,
München 2011 (2. Auflage)

© 2016 Volker Hermsdorf
© 2016 Verlag Wiljo Heinen, Berlin und Böklund
Alle Rechte vorbehalten.

Verlagsanschriften:

Verlag Wiljo Heinen   Verlag Wiljo Heinen
Franz-Mehring-Platz 1   Schulstr. 20
10243 Berlin   24860 Böklund

www.gutes-lesen.de

Autor und Verlag danken Frau Marion Leonhardt für die große
Unterstützung beim Lektorat.

Der Verlag dankt der »Archiv edition ost Verlag und Agentur GmbH«
für die freundliche Überlassung von Veröffentlichungsrechten an
Fotos aus dem Buch »In historischer Mission« von Hans Modrow.

Bildnachweis:
Gabriele Senft: S. 13, 21, 23, 104, 111, 115, 127, 151, 153, 155, 157,
Umschlagrückseite (4)
Archiv Volker Hermsdorf: S. 51, 134
Archiv Fritz Streletz: S. 27, 61, 63, 66, 76, 83, 118
Archiv edition ost: S. 17, 37, 43
Umschlag: Montage aus L'Havana ambaixada EUA.jpg,
Interessenvertretung der USA, Februar 2007, Stevenbedrick in der
Wikipedia auf Englisch, CC-BY-3.0 sowie Fahne auf dem Friedhof
Cementerio Santa Ifigenia, Santiago de Cuba, Foto: Wiljo Heinen

Umschlag, Gestaltung, Typografie: W. Heinen, www.wiljo.de

Gesetzt aus der Adobe Garamond Pro (Text), der Metro Nova Pro
(Überschriften) und der Frutiger LT (Anmerkungen),
gedruckt auf 90g Munken Print Cream 1,5 vol FSC.

Druck und Weiterverarbeitung: Prime Rate Kft., Ungarn
Printed in the EU.

»Kuba – Aufbruch oder Abbruch« hat die

ISBN 978-3-95514-026-7

**Bibliografische Information der
Deutschen Nationalbibliothek**
Die Deutsche Nationalbibliothek verzeichnet diese Publikation in der
Deutschen Nationalbibliografie; detaillierte bibliografische Daten sind
im Internet über http://d-nb.info/ abrufbar.

Dem Markt ein Schnippschen schlagen!

Vielleicht geht es Ihnen wie mir,

und sie haben das Buch von vorne bis hinten mit Interesse und gelegentlichem »Aha-Effekt« gelesen, studiert, verschlungen. Als Volker Hermsdorf mir die Idee zu diesen Gesprächen über Kuba mit Hans Modrow, Fritz Streletz und Klaus Eichner vortrug, war zu ahnen, dass spannender Lesestoff entstehen würde.

Solche Bücher haben es »auf dem Markt« nicht leicht – wären sie Bestseller, dann wäre ein gutes Stück des Weges zum Sieg der Vernunft schon gegangen. Jedoch: Ein Verlag, der Bücher veröffentlicht, die den »Kampf der Ideen« auf Seiten der Vernunft unterstützen, muss *dem Markt ein Schnippchen schlagen.* Sie können uns dabei helfen mit einer **Buchpatenschaft,** bei der Sie ein Buch, das Ihnen am Herzen liegt, in konkreter Solidarität unterstützen:

Sie könnten Ihren *Freunden davon erzählen,* oder gar *ein zweites Exemplar kaufen* und es an Menschen verschenken, denen es Ideen bringen kann. Vielleicht haben Sie auch eine Möglichkeit, *Lesungen vor Ort* zu organisieren – unsere Autoren freuen sich über Ihr Publikum.

Für den seltenen Fall, dass »*Geld übrig*« ist, sollten Sie sich nicht scheuen, damit etwas für Ihr Lieblingsbuch zu tun – kann man sein Geld in den heutigen Zeiten besser anlegen? Ich weiß es nicht.

Informationen finden Sie unter:

www.buchpatenschaft.eu